実践

人権デュー・ディリジェンス

持続可能なビジネスに向けて

KPMGあずさサステナビリティ株式会社
編

中央経済社

はじめに

ビジネスと人権――。

この言葉は日本において2021年から2022年にかけて急速に普及し，その結果として上場企業を中心に人権方針の策定や人権デュー・ディリジェンスの取組みを開始する企業が多くみられるようになりました。

日本企業は今まで人権について全く未対応であったというわけではありません。日本では昔から同和問題やアイヌの人々に対する人権侵害に対する対応や職場におけるハラスメント対策に取り組んできたこともあり，人権について全くノータッチであるということはないでしょう。

しかし，日本企業が「ビジネスと人権に関する指導原則」が求める文脈のなかで人権を捉えてきたかというと，必ずしもそうではなかったのではないでしょうか。調達先における人権侵害に関する一連のメディア報道に伴い，一部企業において株価パフォーマンスが大きく悪化したことや2021年に改訂されたコーポレートガバナンス・コードにおいて「人権の尊重」が明示的に盛り込まれたことを目の当たりにして，初めて企業の責任として人権に取り組むことの重要性に気付いた企業は多かったのではないかと推察します。

人権はあくまでも個人に帰属し，尊重すべきは個人の人権です。この大原則について異論を挟む余地はないものの，企業としてビジネスのなかで個人の人権を尊重するということは決して容易なことではありません。企業の経営資源／リソースは有限です。経営資源が限られるなかで経営管理として何をどこまで対応すれば企業として人権を尊重したことになるのか，あるいは，十分に対応できているといえるのか，判断に迷う企業は多いのではないでしょうか。

本書では，尊重すべきは個人の人権である，という大原則を堅守しつつも，企業実務としてビジネスと人権にどう向き合うべきかについて解説しています。そのためにはいきなり実務に入るのではなく，ビジネスと人権が重要視されるようになった背景を網羅したうえで，「ビジネスと人権に関する指導原則」や「責任ある企業行動のためのOECDデュー・ディリジェンス・ガイダンス」，日本政府が公表しているガイドライン等に則り，企業実務として人権マネジメントをどう推進していくべきかの論点を整理しています。

第１章では，なぜ人権尊重が企業にとって重要なのかを，企業のリスク管理の観点から解説しています。経営リスクと人権はどう関係するのか，また，人権をリスクとみなして企業価値評価を行う機関投資家やESG評価機関は何を見ているのかを取り上げています。

第２章では，年表を追う形でグローバルと日本における「ビジネスと人権」の変遷を取り上げています。欧州で策定が進む人権デュー・ディリジェンス関連の法制度等といった最新動向もカバーしています。

第３章では，企業実務の観点から人権マネジメントをどう推進すべきかについて「ビジネスと人権に関する指導原則」が企業に求める３要件に則り解説しています。特に，人権方針の策定，人権デュー・ディリジェンスへのアプローチ方法，実効性のあるグリーバンス・メカニズム（苦情処理メカニズム）の構築に必要な要件等を詳細に取り上げています。

第４章では，国連の「UNGPs 10+」プロジェクトを取り上げ，ビジネスと人権が向こう10年において，どのような方向性で発展しようとしているかについて考察しています。ビジネスと人権に関する取組みはいまだ発展途上であり，確たる解が存在しているわけではありません。今後，企業に何が期待され，それに対して企業はどう備えるべきか，「UNGPs +10」プロジェクトのなかで挙げられた論点を踏まえて紐解くことを試みています。

本書の執筆にあたってはKPMGあずさサステナビリティ株式会社の人権タスクフォースのメンバーを中心としてKPMGにおいて人権アドバイザリーに携わるメンバーが上場企業を支援するなかで得た知識や知見，KPMGの人権アドバイザリーのグローバルネットワークから得られた情報等を可能な限り盛り込んでいます。本書の内容がビジネスと人権に関する企業の取組みの推進の一助となれば幸いです。

なお，人権デュー・ディリジェンスは「人権デュー・デリジェンス」と表記する場合もありますが，本書では経済産業省が公表した「責任あるサプライチェーン等における人権尊重のためのガイドライン」にならい，表記を「人権デュー・ディリジェンス」に統一しています。

また，本書は国際機関等が発行するドキュメント等を多数参照していますが，いずれも本書執筆時点（2023年１月）のものである点にご留意ください。

2023年４月

目　次

第2章 「ビジネスと人権」に関する国内外の動向 19

参考図表

第1章

企業にとって，なぜ人権の尊重は重要なのか

1 企業にとって重要な経営リスクとしての人権

現在，人権の尊重は，企業が事業活動を行うための大前提であることには論をまたないでしょう。従来，人権の尊重は国家に課せられた「義務」と解されており，国家の都合により個人の人権が制限される事態を防止することが主たるテーマでした。それが，近年では国家に課せられた「義務」だけではなく，企業の「責任」として人権を尊重する取組みを推進することが求められています。2011年に国連で採択された「ビジネスと人権に関する指導原則」（以下，国連指導原則）は，人権を尊重する企業の「責任」を明示的に規定した初めての国際的規範であり，企業が人権尊重について「責任」を果たすための基礎となっています。

人権尊重の焦点が国家のみならず企業に拡大している背景には，経済がグローバル化し企業の事業領域や進出国が拡大するなかで，原材料の生産に携わる労働者，調達先の従業員，自社の従業員や派遣労働者，消費者等といった企業のバリューチェーン全体にわたって人権に与える負の影響が深刻化している，あるいは深刻化する可能性が高まっている，といった事情があります。

この負の影響を被るのは，あくまでも個人であり，尊重すべきは個人の人権です。この大前提を堅守しつつ，企業として経営管理の一環として自社のバリューチェーン全体にわたって人権尊重に対する責任をどう果たしていくのかが，企業に課せられた課題といえます。

日本の株式市場に上場する企業は，コーポレートガバナンス・コードのもと，

持続的な成長と中長期的な企業価値向上を実現することが求められています。企業価値向上を実現するためには，企業は自社のリスクと機会に適切に対応することを通じて自社のビジネスモデルの持続可能性を高める必要があります。この文脈のなかに人権を当てはめると，人権尊重をおろそかにする企業は，ビジネスの持続可能性を損ない，企業価値の低下を招いてしまうといえます。この考えをベースとした場合，企業実務の観点では人権をリスクとして捉え，人権リスクの顕在化を防止する取組みを推進していくことが重要であると整理できます。

実際に，人権リスクの顕在化はさまざまな形で企業の持続可能性を損ない，企業価値の低下を招く可能性があります。KPMGでは企業実務上，人権に関連する主なリスクを図表１－１に示す４種類に分けて整理しています。

図表１－１　人権に付随する企業実務上の４つのリスク

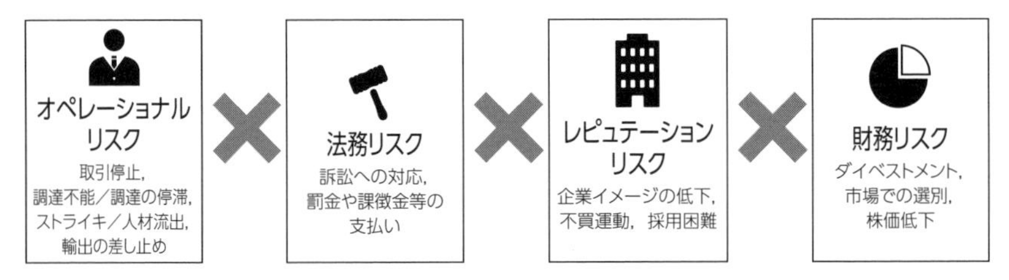

（出典：KPMGにて作成）

⑴　オペレーショナルリスク

オペレーショナルリスクは，事業の運営や操業において発現するリスクを指します。人権尊重の取組みが十分ではない場合，オペレーショナルリスクとして発現する可能性がある主な事象としては「取引停止」，「調達不能／調達の停滞」，「ストライキ／人材流出」，「輸出の差し止め」等が挙げられます。

①　「取引停止」

自社のサプライチェーンや製品及びサービスの製造・提供過程において児童労働や強制労働等に代表される人権侵害が発覚した場合に，顧客から取引を打ち切られる可能性が想定されます。特に欧米ではサプライチェーンも含めた人権尊重の取組みに対する義務化の動きが進んでおり，人権に対する取組みの不十分さが原因となって顧客の調達網から締め出されるリスクが考えられます。

② 「調達不能／調達の停滞」

自社の調達先で人権侵害が発覚したとすると，企業は調達先に対して人権侵害を是正するための措置を働きかける必要があります。調達先への働きかけを通じて人権侵害の状況が速やかに改善されれば問題ありませんが，調達先自身が是正に向けた対応に消極的な場合や是正に時間を要するような場合は，その期間の調達は一時的に抑制せざるを得ない，または究極的には取引を解消せざるを得ない事態が想定されます。調達が困難あるいは不能となった場合には生産が滞り，さらにはサプライチェーンを再構築するなど，多大なコストを要する可能性があります。

③ 「ストライキ／人材流出」

安全が十分に確保されていない工場等での作業，健康を害するような危険作業の強要，長時間労働の常態化，残業代の未払い等が原因となってストライキや大量の人材流出が発生すると，企業の操業自体が滞るリスクが想定されます。また，ストライキや人材流出は，自社だけでなく調達先でも問題になる可能性が高い事象であり，究極的には②の「調達不能／調達の停滞」につながることも考えられます。

④ 「輸出の差し止め」

アメリカでは人権侵害に関わる製品の輸入禁止措置を講じています（1930年関税法第307条では強制労働により生産された物品の輸入を禁じているほか，2022年にはウイグル強制労働防止法（UFLPA）に基づく輸入禁止措置が施行されています）。アメリカのように法律上，このような輸入禁止措置をとっている国に対して製品を輸出している企業が，自社製品の製造過程で人権侵害が発生していないことを合理的に証明できない場合は，製品の輸出が差し止められ，売上の減少に直結するリスクが想定されます。

⑵ 法務リスク

法務リスクとしては，主に２種類のリスクが想定されます。

１点目は，人権侵害の被害者や被害者を代弁するNGO等から訴訟を受けるリスクです。特に，昨今では「清潔で健康的かつ持続可能な環境で暮らす権利」が国連の人権理事会で重要な人権の１つとして決議された影響等によって，大規模な土地開発等に取り組むグローバル企業に対する訴訟が増加する傾向にあります。このほかにも，セクハラ・パラハラ関連の訴訟や，移住労働者の権利侵害に関する訴訟等もグローバル全体で増加傾向にあります。人権に関する訴訟は長期化することが多いため，訴訟対応コストが企業にとって負担になりえます。

２点目は，人権関連の法令に違反し，罰金や課徴金が科されるリスクです。人権関連の法令はヨーロッパが先行しており，例えば，フランスやドイツが人権デュー・ディリジェンスに関して定める国内法では，法令が定める義務を企業が履行しない場合は罰金や課徴金が科される可能性があることが示されています。企業による法令違反は，法務リスクとしてだけでなく，次に説明する企業のイメージやブランドの低下という「レピュテーションリスク」にも直結し，企業に大きなインパクトを及ぼすことが懸念されます。

⑶ レピュテーションリスク

製品の製造やサービスの提供等の現場で人権侵害が発生している事実が広く世間に認知されたり，特に消費者等のステークホルダーから人権侵害の発生を防止する取組みが不十分と判断されたりすると，不買運動が発生し売上の減少につながることが想定されます。現にアパレル業界では，大規模な不買運動が発生したことによって，数十％もの売上が減少した事例等が確認されています。また，企業イメージやブランド力が低下することによって優秀な人材の採用が困難になることや，業界内での競争優位性が低下することも想定されます。

⑷ 財務リスク

財務リスクとしては，主に企業が負担するコストと企業価値評価・資金調達という２つの側面からのリスクが想定されます。

１点目は，企業の売上減少やコスト増加による利益の減少です。これは上述の「オペレーショナルリスク」，「法務リスク」，「レピュテーションリスク」が顕在化することに伴い発生します。リスクの程度にもよりますが，これらのリスクが顕在化することによって少なからず財務を毀損することが想定されます。

２点目は，企業価値評価（株価評価）の低下や資金調達が困難となるケースです。特に，ESG投資の考え方が広く浸透している欧米の機関投資家は，人権を重要なリスク・ファクターの１つとして捉え，企業の人権に関する取組み状況を企業価値の評価プロセスに織り込んでいます。したがって，人権に関する一連の取組みレベルが機関投資家の要求水準を満たしていない状況が継続すると，企業価値評価が割り引かれるだけでなく，投資対象から除外されることによるダイベストメント（投資資金の引揚げ）や資金流入の機会損失につながる恐れが想定されます。特に，昨今の欧米では公的年金や大手運用会社が共同声明等を発表し，投資先への人権リスク対応の要求を強化する動きが顕著となっています。実際に，重大な人権リスクが懸念される投資先や，人権リスクの助長または加担が懸念される投資先から投資資金を全額引き揚げる動きは，グローバルで相次いで発生しています。

機関投資家だけではなく，金融機関（銀行等）においても徐々に同様の動きが広がっています。先行する金融機関では，与信判断プロセスに融資先企業の人権リスクの状況を織り込みはじめています。融資先企業の取組みが不十分で人権侵害に加担していたことが判明し，さらには将来の返済余力も低下することが予想される場合，まずはエンゲージメントを通じて状況の改善を促すケースが一般的ですが，将来的には与信判断の厳格化に伴う適用金利上昇や融資額の縮小，ひいては取引停止につながることも想定されます。

2　機関投資家による投資先への人権の取組み

前述のとおり，機関投資家は人権を企業価値評価に際して重視するリスク・ファクターの１つとして位置付けています。PRI（Principle for Responsible Investment, 責任投資原則）によると，人権に関する企業のデュー・ディリジェンスのプロセスやその取組みを評価することは，その企業の全社的なガバナンスや将来的な財務リスクを評価することと同義と整理されています。このことからも，機関投資家にとって，人権は長期的な視点に立ってリターンを最大化するという観点から極めて重要であることがわかります。

また，機関投資家が負うスチュワードシップ責任の文脈では，機関投資家はサステナビリティ（ESG要素を含む中長期的な持続可能性）に基づきエンゲージメントを実施し，顧客・受益者の中長期的な投資リターンの拡大を図るために投資先企業の企業価値の向上や持続的成長を促すことが求められています[1]。

ここで，「リターン」とは資本コストに見合うリターンを指します。資本コストは企業における経営リスクの代理指数の側面があります。つまり，投資先企業が人権を尊重した事業活動を展開していれば，中長期的に資本コストは下がり，より高いリターンを得やすくなる，ということです。これは企業視点からすると，人権リスクへの適切な対応を通じて資本コストが低減し企業価値が向上することを意味しています。

近年，企業の人権尊重の取組みを促進するうえで，機関投資家の重要性が再認識されています。国連のビジネスと人権にかかるワーキング・グループが2021年に公表した「UNGPs 10+ ビジネスと人権の次の10年に向けたロードマップ」では，国連指導原則を広く推進するためには，機関投資家による人権尊重のための取組みを加速させるとともに，そのスケールを拡大することが不可欠である旨が示されています。

また，PRIでは，機関投資家に向けた人権関連の発信を強化するとともに，人権及び社会問題に向けた協働エンゲージメント・イニシアチブである「advance」[2]を立ち上げるなど，一層の取組み強化を図っています。

人権の尊重は企業が事業活動を展開するうえでの大原則であり，企業は機関投資家のために人権を尊重する取組みを実施するわけではありません。一方で，特に上場企業であれば，機関投資家の視点を無視できないこともまた事実です。企業実務の観点からいうと，機関投資家と建設的な対話を行い，市場から適切な企業評価を受けるためには，人権リスクを評価する機関投資家の考え方を理解したうえで，その視点を企業の人権マネジメントの高度化や訴求力のある情報開示等につなげていくことが肝要です。

以下では，このような考えを背景としながら，PRIが公表するペーパーやESG評価機関の評価基準等を参考に，機関投資家による人権リスクの評価視点を概観します。

(1) 機関投資家による投資先の人権リスクの評価

前述のとおり，昨今PRIでは人権に特化した協働エンゲージメント・イニシアチブを立ち上げるなど，人権に対する取組みを強化しています。企業実務の観点から，機関投資家が企業の人権の取組みに何を求めているのかを理解するためには，PRIが2020年に公開した「Why and how investors should act on human rights（投資家が人権を尊重すべき理由及びその方法）」[3]というペーパーが参考になります。

本ペーパーは，PRIの６つの原則及び国連指導原則を踏まえながら策定されており，企業の人権尊重の取組みを後押しするために機関投資家として取るべき行動がまとめられていることが特徴です。

図表１－２　機関投資家が人権尊重のためにとるべき行動

ポリシー（人権に対するコミットメント）	デュー・ディリジェンスのプロセス				救済へのアクセス
国際的に認められた人権を尊重するポリシー・コミットメントの採択	投資先から生じる，人々にとっての実際の，及び潜在的な負のアウトカムの特定	特定された実際の，及び潜在的な負のアウトカムの防止と緩和	人権に関するアウトカムの継続的な管理の追跡	アウトカムや実施した措置について，顧客，受益者，影響を受けるステークホルダー，及び公への伝達	救済へのアクセスの具現化または提供

（出典：PRI「投資家が人権を尊重すべき理由及びその方法」p.13をもとにKPMGにて作成）

図表１－２が示すとおり，機関投資家が人権を尊重するためにとるべき行動は，国連指導原則の３本の柱に紐付けられる形で「人権に対するコミットメント」，「デュー・ディリジェンス」，「救済へのアクセス」という領域に分けられます。特に企業実務の観点からいうと，図表１－２の「デュー・ディリジェンスのプロセス」が，着目すべきポイントです。本プロセスは，OECDの「責任ある企業行動のためのOECDデュー・ディリジェンス・ガイダンス」が示すデュー・ディリジェンスの考え方に基づいており，機関投資家は，①投資先の企業ですでに発生している人権侵害や今後発生する可能性のある人権への潜在

的な負の影響を機関投資家の立場から評価し，②人権侵害や負の影響の是正・防止を図るとともに，③その効果をモニタリングし，④最終的には情報開示等を通じて関連ステークホルダーに伝達することが推奨されています。

①で期待されている人権に対する負の影響の評価は，投資前に実施される取組みで，投資先の潜在的な人権に関する負の影響を事前に評価したうえで，ポートフォリオの構築，銘柄選定，資産配分等の投資意思決定を行うことが期待されています。

②～④の取組みは，投資後に実施される取組みで，投資先の人権尊重に対する取組みの有効性や実効性を定期的に評価・モニタリングすることを規定しています。特に株式投資家であれば，スチュワードシップ活動や議決権行使を通じて，投資先企業に直接的に影響を与えることが可能であるため，投資後のモニタリング活動に，より尽力することの必要性が強調されています。

投資される企業側の視点から上記のような機関投資家に期待されている一連の人権デュー・ディリジェンスにかかる取組みを捉え直すと，企業として人権への取組みを高度化する際のポイントや機関投資家とのエンゲージメントにおいて押さえておくべき視点等を把握することができます。すなわち，機関投資家から積極的な投資を受けるためには，自社の事業活動に内在する人権への負の影響や顕在化している負の影響を把握・評価したうえで，それらを防止・是正するための取組みを進めるとともに，取組みの状況を統合報告書やHP等の情報開示及び個別のエンゲージメント等を通じて，機関投資家に理解・認識してもらうことが肝要である，ということです。

また，投資を受けた後も人権尊重に対する取組みを継続し，負の影響を発現させない状況を維持するとともに，その状況を機関投資家に訴求することも必要です。機関投資家が投資先企業に要請する人権への一連の取組みは，まさに国連指導原則が企業に求める人権マネジメントの取組みそのものです。企業として取り組むべき人権マネジメントの詳細は，第３章で重点的に解説します。

(2) ESG評価機関による人権リスクの評価

GPIF（年金積立金管理運用独立行政法人）は2015年にPRIに署名し，2017年からESG指数に連動したパッシブ運用を開始しました。GPIFがESG投資の一環としてESG指数の運用を始めた目的は，ESG投資の運用資金拡大を通じた企業のESG評価向上のインセンティブ化及びESG対応強化による長期的な企業価値の向上です[4]。その目論見通り，現在，日本企業の人権を含むESGへの取組みを実質的に後押しする存在となっているのはESG評価機関です。ESG評価機関は，グローバルにおいて大・小含め数多く設立され“乱立状態”と評されるような状況ではありますが，グローバルで主要な機関投資家が参考とするESG評価機関は数社に限定されます。

以下では，主要な機関投資家に活用されるグローバル市場で代表的なESG評価機関に焦点を絞り，特に人権の視点から企業が評価される主なポイントを解説します。

①　ESG評価機関の人権にかかる評価視点

各ESG評価機関は独自のメソドロジーを有しているため，ESG評価機関によって評価項目の内容や粒度は当然に異なります。一方，ESG評価機関は企業の事業活動に関する評価項目を監督と執行の観点から設定している場合が多く，おおよそ「方針／戦略」，「ガバナンス／体制」，「施策」，「目標／KPI」という視点に分類することが可能です。

「方針／戦略」では，リスク低減に資する戦略や方針が立案されているか，その有無が評価されます。次に「ガバナンス／体制」では，リスク低減に資する施策を実行するための実行体制や対応状況をモニタリングする監督体制が整備されているかが評価されます。そして，「施策」では，戦略の体現に資する効果的な施策が実施されているかが問われ，「施策」の実効性を評価する「目標／KPI」が適切に設定されているかも併せて評価されることが一般的です。

また，グローバルで主要なESG評価機関が特に人権に関して設定する評価項目は，国連指導原則が企業に要請する３要件（「人権に対するコミットメント」，「人権デュー・ディリジェンス」，「救済へのアクセス」）と整合しています。

図表１-３は，グローバルの主要なESG評価機関が企業の人権に対する取組みを評価する視点を，国連指導原則の軸から整理した表です。「戦略／方針」の観点からESG評価機関が評価しているのは，企業の人権マネジメントの根幹である人権方針（人権に対するコミットメント）の策定有無及びその内容です。企業の実務的対応の観点からいうと，人権方針の策定にあたってはESG評価機関の評価視点をカバーし，ESG評価向上を意識することも重要です。人権方針を評価するESG評価機関の評価項目の詳細は第３章**2**のなかでも解説します。

図表1-3　ESG評価機関が企業の人権に対する取組みを評価する主な視点

	人権に対するコミットメント	人権デュー・ディリジェンス	救済へのアクセス
戦略／方針	• 人権方針は，国際的規範の趣旨を踏まえて策定されているか　など	• 人権デュー・ディリジェンスを実施するコミットメントを人権方針にて示しているか　など	• グリーバンス・メカニズムを設置・運用するコミットメントを人権方針にて示しているか　など
ガバナンス／体制	• 取締役会が，人権尊重にかかる取組みの監督責任を負っていることが明確化されているか • 人権尊重の取組みを実行する体制が整えられているか　など		
施策	• 人権方針を社内やステークホルダーに対して周知し理解を得るために，どのような施策を講じているか　など	• 自社にとって重要性の高い顕著な人権課題を特定しているか • 人権デュー・ディリジェンスを通じて，児童労働や強制労働をはじめとする国際的規範で言及されている人権課題を調査・評価しているか • 自社のみならず，バリューチェーンやジョイント・ベンチャーに対しても人権デュー・ディリジェンスを実施しているか • 過去3年間に自社オペレーション及びサプライチェーンにおける人権デュー・ディリジェンスの実施率（%）及び特定したリスクに対して是正措置を講じた割合（%） • 関連するステークホルダーと，どのようなエンゲージメントを展開しているか　など	• 人権リスクを低減するために，どのようなプロセスを構築し，何ヵ所の拠点に対して是正措置計画を策定したか • 人権リスクの是正のために，どのようなタイプのアクションを講じたか　など
目標／KPI	−	−	−

（出典：KPMGにて作成）

「ガバナンス／体制」の観点から企業が評価されるポイントは，大きく2点あります。1つは，企業として人権尊重の取組みを推進するための実務的な体制整備ができているかどうか，もう1つは，企業の監督と意思決定の最上級レベルともいえる取締役会が人権尊重にかかる実務的対応を監督する役割を果たせているかどうかです。特に後者に関していえば，取締役会が人権方針を承認したうえで，人権方針で規定した施策内容を定期的にモニタリングすることが求められています。また，人権を管轄する管掌役員が明確に任命されているかどうかも重要なポイントです。

「施策」に関する評価項目の内容はESG評価機関によって異なりますが，国連指導原則が企業に求める３要件のなかでも人権デュー・ディリジェンスに重きが置かれている点は，各社に共通するポイントです。人権デュー・ディリジェンスについて厳格な評価基準を設けているESG評価機関の場合は，人権デュー・ディリジェンスの調査対象とする具体的な人権課題，人権デュー・ディリジェンスを実施する対象範囲，過去３年以内の人権デュー・ディリジェンスの実施率，人権デュー・ディリジェンスを通じて特定した人権リスクの割合，特定した人権リスクのうち是正のためのアクションを講じた割合というように，人権デュー・ディリジェンスのアプローチからその結果まで，その実施状況を一気通貫で評価しています。

最後に「目標／KPI」については，主要なESG評価機関であっても定量的な目標とその進捗を測るKPIの設定を明示的に評価しているところは，現時点では見受けられません。人権への取組みは，気候変動や水リスクといった環境分野と比較すると施策の実効性を評価する定量的な目標を策定しにくい分野であることがその理由の１つです。

一方で，ESG評価・データを活用する機関投資家からの要請の高まりや企業自体の人権に対する取組みの進捗を背景に，ESG評価機関の評価基準は年々厳格化しているため，人権尊重に対する施策の実効性を評価する定量的な目標とその進捗を測るKPIが評価項目に加えられる可能性は今後，十分に想定されます。すでに人権への取組みをマテリアリティとして設定している企業等は，サプライチェーンにおける人権デュー・ディリジェンスの実施率等を中期経営計画のなかでサステナビリティ目標とその進捗を測るKPIとして設定し，年次でその進捗管理を行う等，一歩進んだ人権マネジメントに着手しています。

②　ESG評価機関の特徴

ESG評価機関は，各企業が分類されるインダストリーの特性や各企業のビジネスモデルの固有性等に鑑みながら各企業を評価するESGテーマを特定し，かつ，ESGテーマの各ウェイト（全体評価に対する各テーマの寄与度）を設定しています。ESG評価機関が各企業に適用するESGテーマや各テーマのウェイトは異なるため，例えば，ESG評価機関Ａは人権テーマの重要度をHighと設定している一方で，ESG評価機関ＢはLowと設定しているというように，重要度の設定の仕方が異なるケースも見受けられます。ただし，設定される重要度の程度に差はあれ，大半のESG評価機関は事業活動の大原則である人権尊重の取組みを何かしら評価しています。

加えて，最近では人権に特化して企業の取組みを評価するイニシアチブの動きが活発化しています。企業実務の観点から，人権テーマに関するESG評価機関やイニシアチブの動向には特に注意を払うことが求められます。

⑶ 人権に特化した評価イニシアチブ

① Corporate Human Rights Benchmarkの概要

人権に特化した評価イニシアチブとして代表的なのがCorporate Human Rights Benchmark（以下，CHRB）です。CHRBは国連指導原則に代表される国際的規範に基づきながら独自に設定するメソドロジーに基づいて，人権尊重に関する企業の取組みを評価しています。

CHRBは，イギリスのAviva InvestorsやオランダのAPG等の投資家が参画し，2016年に始まったイニシアチブです。人権リスクが高いインダストリーを中心に評価するという考えに基づき，2018年までは農業，アパレル，資源採掘インダストリーに分類されるグローバル大手企業を評価していました。現在では，コバルト採掘における深刻な児童労働問題等の社会的背景を踏まえて，先に挙げたインダストリーに加えてICT（Information and Communication Technology）関連の製造業や自動車インダストリーに分類されるグローバル大手企業の人権尊重の取組みも評価しています。

現在，CHRBはSDGsの達成に向けて企業の取組みを促進する目的で設立されたWorld Benchmark Alliance（以下，WBA）[5]の傘下でその活動を展開しています。WBAは2030年までのSDGs達成に向けて変革が必要な７分野[6]を特定し，７分野のいずれかに該当する合計2,000社を評価する取組みを行っています。そのため，CHRBでは前述の人権リスクが高いインダストリーに該当する企業の評価に加えて，WBAの活動のなかで選定される2,000社についても，そのメソドロジーを活用しながら人権尊重にかかる基礎的な取組みの実施状況を評価しています。

②　CHRBの評価項目

CHRBのメソドロジーは，すべて無料で公開されており，HP[7]から入手することが可能です。評価対象となるインダストリー（農業，アパレル，資源採掘，ICT，自動車）によって評価項目（indicators）の詳細は異なりますが，評価の大枠は国連指導原則をはじめとする人権に関する国際的規範に基づいており，その考え方は全インダストリーに共通しています。

図表1－4　CHRBが企業の人権に対する取組みを評価する5つのテーマ

A	B	C	D	E
ガバナンスと方針へのコミットメント	人権尊重の定着と人権デュー・ディリジェンスの実施	苦情処理メカニズムと救済措置へのアクセス	（各セクターにおける）人権への影響を防止するための具体的な慣行	人権への深刻な負の影響の申立てに対する対応
10%	25%	20%	25%	20%

（出典：The Methodology for the 2022-2023 Corporate Human Rights Benchmark をもとにKPMGにて作成）

CHRBでは，図表1－4で示すとおり，国連指導原則が企業に求める3要件（「人権に対するコミットメント」，「人権デュー・ディリジェンス」，「救済へのアクセス」）を網羅しつつ，企業に求める人権に対する取組みを5つのテーマに分類し，かつ，テーマごとにウェイトを設定していることが特徴的です。また，人権に特化した評価を実施しているだけあって，テーマごとに詳細な評価項目が設定されていることも特徴です。

図表1－5　CHRBの主な評価項目

テーマ	評価項目
A ガバナンスと方針へのコミットメント	人権尊重へのコミットメント
	労働者の人権の尊重へのコミットメント
	業界に関連する人権尊重へのコミットメント
	救済へのコミットメント
	人権擁護者の権利の尊重へのコミットメント
	経営トップのコミットメント
	取締役会の責任
	インセンティブとパフォーマンスの管理
	ビジネスモデルの戦略及びリスク

B 人権尊重の定着と人権デュー・ディリジェンスの実施	日常的な人権対応における責任とリソース
	インセンティブとパフォーマンスの管理
	より広範な企業リスクマネジメントとの統合
	人権方針（コミットメント）の伝達や浸透
	人権に関する研修
	モニタリングと是正措置
	取引関係の構築と終了
	影響を受けるステークホルダーとのエンゲージメント
	人権リスク及び影響の特定
	人権リスク及び影響の評価
	人権リスク及び影響評価の組み入れ及び実践
	人権リスク及び影響への対応の有効性の追跡
	コミュニケーション
C 苦情処理メカニズムと救済措置へのアクセス	労働者のための苦情処理メカニズム
	外部の個人やコミュニティのための苦情処理メカニズム
	苦情処理メカニズムの設計や評価への利用者の関与
	公平であり、公開及び説明されている苦情処理メカニズムに関する手続き
	申立てや懸念に対する報復の禁止
	国家基盤型の司法的メカニズム及び非司法的メカニズムとの関わり
	負の影響の救済
	苦情処理メカニズム及び取り入れられた教訓の有効性に関するコミュニケーション
D 人権への影響を防止するための具体的な慣行 ※セクターによって異なる。右記は代表的な項目の一部	生活賃金
	購買判断における人権尊重
	サプライチェーンのマッピングと開示
	児童労働の禁止
	強制労働の禁止
	結社の自由と団体交渉
	健康と安全
	女性の権利
	労働時間
	鉱物の責任ある調達
E 人権への深刻な負の影響の申立てに対する対応	深刻な申立てへの公な対応
	調査及び適切な対応
	救済措置を提供，または救済措置に協力するための影響を受けるステークホルダーとのエンゲージメント

（出典：The Methodology for the 2022-2023 Corporate Human Rights Benchmark をもとにKPMGにて作成）

図表1－5は，CHRBが企業の人権に対する取組みを評価する主な項目を5つのテーマに沿って一覧化したものです。Dの「人権への影響を防止するための具体的な慣行」のなかで設定されている評価項目はセクターによって異なりますが，基本的には国際的規範が規定する人権課題に沿って，企業が各人権課題に対して講じている具体的な施策の内容が評価されます。

CHRBのメソドロジーでは，人権尊重のために企業が構築するプロセスの有無だけでなく，プロセスそれ自体の実効性や国際的規範が要求する水準との整合性等にまで踏み込んだ評価を実施している点に固有性があります。また，人権尊重のためのプロセスを通じて企業が講じた施策の結果，国際的規範に規定されているさまざまな人権課題が適切に尊重されているかという点も，各セクターの特性を踏まえながら確認しています。

CHRBのメソドロジーは，企業の人権マネジメントに必要な観点を体系的に網羅しています。したがって，企業の実務視点からすると，たとえ自社がCHRBから直接的な評価対象先として選定されていなかったとしても，公開メソドロジーを活用し，自社の人権マネジメントの取組みの高度化に役立てることは合理的であるといえます。

③　機関投資家及び企業によるCHRBの活用事例

CHRBは人権分野における有力なイニシアチブであり，かつ，その評価結果は個社別にすべて公表されるため，評価結果を活用する機関投資家や企業は増加しています。

例えば，機関投資家サイドでは，人権の尊重における投資家の責任にフォーカスしたイニシアチブであるInvestor Alliance for Human Rights（以下，IAHR）[9]は，人権の取組みが遅れている企業に対して改善を求める書簡[10]を送るといった形でCHRBの評価結果を活用しています。IAHRが企業向けに送付した書簡では，CHRBの最新の評価結果に言及し，CHRBの評価対象となっている大多数の企業において人権尊重の取組みが遅れていることが指摘されています。また，多くの企業が人権デュー・ディリジェンスの評価項目においてスコアが「0」となっていることに懸念を表明し，これら企業に対しては人権デュー・ディリジェンスのプロセス構築を進めることや，その取組み状況の公開を要求しています。

また，企業では，CHRBの評価結果スコアをCEOを含む取締役のインセンティブ算定に使用するケース[11]や，CHRBの評価結果を踏まえて，自社の人権に関する取組みの推進を掲げているケース等がみられます。

昨今，サステナブルファイナンスの急速な拡大を受けて，企業のESGに関する取組みを評価するESG評価機関の影響力は大きくなっていますが，企業として人権尊重の取組みを進める目的は，ESG評価機関やCHRBからの評価を向上させることではありません。

一方で，グローバルで主要なESG評価機関やCHRBが設定する評価項目は，機関投資家が企業を評価する視点と整合します。また，ESG評価機関やCHRBの評価項目は国連指導原則が企業に求める３要件（「人権に対するコミットメント」，「人権デュー・ディリジェンス」，「救済へのアクセス」）に即しており，企業に求めるアクションも明確です。

したがって，企業の実務視点からすると，人権マネジメントの必須事項に網羅的に対応するためには，ESG評価機関やCHRBの評価項目を活用することが合理的といえます。

本章では，ビジネスの持続可能性の観点から，人権マネジメントが十分に機能していない場合，個人の人権に負の影響が及ぼされるだけでなく，経営リスクが顕在化し，企業価値の低下を招く可能性がある点を解説しました。また，機関投資家やESG評価機関が企業の人権マネジメントを国連指導原則に即しながら，リスク視点でどのように評価しているかについても取り上げました。

次の章では，企業の人権マネジメントにおける重要な指針である国連指導原則をはじめとして，「ビジネスと人権」をめぐるグローバルの変遷とそれを受けた日本の動向を解説します。

●注

1　スチュワードシップ責任については「責任ある機関投資家の諸原則《日本版スチュワードシップ・コード》」2020年３月24日改訂をご参照ください。https://www.fsa.go.jp/news/r1/singi/20200324/01.pdf

2　本イニシアチブは，ESG課題のなかでも，特に人権を中心とするＳ領域の課題をテーマに，協働エンゲージメントを通じて企業の取組みを促進することを目的としており，2022年12月に発足しました。

今後，人権リスクが高い企業（具体的には，人権リスクが相対的に高いとされる金属・鉱物資源及び再生可能エネルギーに関与する企業）に対して，対話を通じて人権尊重に向けた取組みを促進していくことが発表されています。発足時の参加機関投資家は，グローバルで220社，運用資産の総額は約30兆ドルとなっています。https://www.unpri.org/investment-tools/stewardship/advance/engagement-approach#objective

3　本ペーパーは，日本語翻訳版が発行されており，本書では下記からアクセス可能な日本語翻訳版を参考としています。PRI「投資家が人権を尊重すべき理由及びその方法」https://www.unpri.org/download?ac=13796

4　ESG投資の運用資金の拡大は，企業のESG評価向上のインセンティブになり，ESG対応が強化されれば，長期的な企業価値向上につながると説明されています。また，日本企業のESG評価向上がESG評価を重視する海外資金の流入につながれば，日本株のパフォーマンス向上が期待されるため，ユニバーサル・オーナーとしてのGPIFは，インベストメント・チェーンの最適化の恩恵を最大限享受し，年金の被保険者の便益にもつながるとも説明されています。

GPIF「ESG指数選定結果について」（平成29年7月3日）」。https://www.gpif.go.jp/investment/esg/pdf/esg_selection.pdf

5　WBAとは，イギリスの保険会社Avivaのグループ会社であるAviva Investors，オランダのNPO法人Index Initiative，国連財団（United Nations Foundation）等が，SDGsの達成に向けた企業の取組みを促進させることを目的として，2018年9月に設立した組織です。2030年までに，企業の透明性と説明責任を向上させ，消費者，投資家，政府，そして市民社会が投資の意思決定や政策立案において有益となる企業のSDGsに関するパフォーマンス情報を，無料でいつでも入手できるようにすることをミッションとし，SDGsに貢献している企業をランク付けするためのベンチマーク開発を主に進めています。

6　7つの分野とは，「社会（Social）」，「食料と農業（Food and Agriculture）」，「脱炭素とエネルギー（Decarbonization and Energy）」，「自然と生物多様性（Nature and Biodiversity）」，「デジタル（Digital）」，「都市（Urban）」，「金融システム（Financial system）」。

7　最新の評価メソドロジーは，下記URLから入手可能です。なお，評価対象企業や機関投資家からのフィードバックを踏まえながら，評価メソドロジーは定期的に更新されるため，CHRBから評価を受ける企業は，最新メソドロジーの動向に留意が必要です。https://www.worldbenchmarkingalliance.org/publication/chrb/methodology/

8　図表1-5のDでは，複数のセクターに共通する代表的な評価項目の一部を記載しています。

9　IAHRとは機関投資家による人権に特化したアライアンスであり，2022年10月時点では234社により構成され，資産運用額は12兆米ドルを超えています。Investor Alliance for Human, Rights. https://investorsforhumanrights.org/members

10　Investor Statement Calling on Companies to Improve Performance on the Corporate Human Rights Benchmark（2022年12月12日付）. https://investorsforhumanrights.org/sites/default/files/attachments/2022-12/2021%20Public%20Statement%20Calling%20on%20Companies%20to%20Improve%20Human%20Rights%20Performance%20-%20Updated%2012.12.22.pdf

11　CHRBのスコアを，CEOを含む取締役会の役員報酬に織り込んでいる企業の詳細等は，下記から確認することが可能です。How do companies use the Corporate Human Rights Benchmark.　https://www.worldbenchmarkingalliance.org/impact/how-do-companies-use-the-corporate-human-rights-benchmark/

コラム1

気候変動と人権

企業が尊重すべき人権に対する責任は，ビジネスの発展とともに日々変化しており，近年では国際人権章典等に代表される人権に関する国際的規範・ガイダンスで尊重することが求められていた課題よりもさらに広範な課題に対する方策が求められています。その一例に挙げられるのが気候変動です。

気候変動は地域住民の安全のみならず農林水産業や観光業といった地域の産業を脅かす問題で，対策の不備はその地域に住む住民の人権にも影響します。UNDP（国連開発計画）が発行した「2022年特別報告書 人新世の脅威と人間の安全保障〜さらなる連帯で立ち向かうとき〜」においても，今世紀までの気温上昇により，開発途上国を中心に全世界で約4,000万人の命が失われる恐れがあると報告されています。

こういった気候変動に対する急速な対策が求められるなか，国連総会にて2022年７月28日に「清浄で健康的，かつ持続可能な環境へのアクセスを普遍的な人権とする国連総会決議」が賛成161票，棄権８票という圧倒的多数で決議されました（国際連合「UN General Assembly declares access to clean and healthy environment a universal human right」。https://news.un.org/en/story/2022/07/1123482）。この国連総会決議において，アントニオ・グテーレス国連事務総長は，この『歴史的』決定を歓迎し，この画期的な進展は，気候変動，生物多様性の損失，汚染という三重の危機に対して加盟国が団結して取り組むことができると評しています。

気候変動対応には国家の取組みのみならず，民間の参画も不可欠だといわれています。人権の尊重に向けた取組みが国家の義務から企業の責任に拡大するなかで，企業が気候変動への対応を推進する過程において人権に配慮することがますます重要になると想定されます。

第2章

「ビジネスと人権」に関する国内外の動向

人権尊重の取組みが，国家の義務から企業の責任に範囲が拡大するなかで，国際的な規範や法令，各種ガイドラインが策定されています。

図表２－１は1930年の強制労働に関する条約を起点として約１世紀にわたり，これら規範や法令，ガイドラインがどのタイミングで策定されたのかを年表形式で示しています。2000年まではどちらかといえば国連やILOの条約が定める国家の義務が中心であったのが，2000年代より徐々に企業の責任に論点が移っていることがわかります。

本章では図表２－１の年表に沿って，「ビジネスと人権」に関する主要な国際的な規範等を取り上げ，その内容について解説します。

まずはグローバルにおけるビジネスと人権の動向を俯瞰し，企業が人権尊重に関して国際的に求められている取組みの水準感を把握したうえで，日本の動向について概括します。

図表2-1 「ビジネスと

国際機関やイニシアチブ等の動き

	国際連合及び国際連合専門機関	OECD	グローバル・イニシアチブ等
1930	強制労働に関する条約（ILO第29号条約）		
48	**世界人権宣言** **結社の自由及び団結権の保護に関する条約（ILO第87号条約）**		
49	団結権及び団体交渉権についての原則の適用に関する条約（ILO第98号条約）		
51	同一価値の労働についての男女労働者に対する同一報酬に関する条約（ILO第100号条約）		
57	強制労働の廃止に関する条約（ILO第105号条約）		
58	雇用及び職業についての差別待遇に関する条約（ILO第111号条約）		
65	あらゆる形態の人種差別の撤廃に関する国際条約		
66	**国際人権規約**		
73	就業が認められるための最低年齢に関する条約（ILO第138号条約）		
76		**OECD多国籍企業行動指針**	
79	女子に対するあらゆる形態の差別の撤廃に関する条約		
84	拷問及び他の残虐な，非人道的な又は品位を傷つける取扱い又は刑罰に関する条約		
89	児童の権利に関する条約		
90	すべての移住労働者及びその家族の権利の保護に関する条約		
98	**労働における基本的原則及び権利に関するILO宣言**		
99	最悪の形態の児童労働の禁止及び撤廃のための即時の行動に関する条約（ILO第182号条約）		
2000			**国連グローバル・コンパクト**
03	**人権に関する多国籍企業及び他の企業の責任に関する規範**		
06	強制失踪からのすべての者の保護に関する国際条約の採択／障害者の権利に関する条約		**責任投資原則（PRI）**
08	国際連合「保護，尊重及び救済の枠組み」		
10			
11	**ビジネスと人権に関する指導原則**		
12			
14			
15		**責任ある企業行動のためのOECDデュー・ディリジェンス・ガイダンス**	**国連指導原則報告フレームワーク**
17			
18			
19			
20			
21			
22			

（出典：KPMGにて作成）

人権」に関する主な変遷

各国・地域における動き

アメリカ	ヨーロッパ	オーストラリア	日本
ドッド・フランク・ウォールストリート改革及び消費者保護法（ドッド・フランク法）			
カリフォルニア州 サプライチェーン透明法			
	EU　非財務情報開示指令（NFRD）		
	英国現代奴隷法		
	フランス　企業注意義務法		
		豪州現代奴隷法	
	オランダ 児童労働注意義務法		
			「ビジネスと人権」に関する行動計画
	ドイツ　サプライチェーンにおける企業のデュー・ディリジェンス義務に関する法律		コーポレートガバナンス・コードにおける人権尊重への言及 経団連「人権を尊重する経営のためのハンドブック」
	EU　コーポレート・サステナビリティ・デュー・ディリジェンス指令案		責任あるサプライチェーン等における人権尊重のためのガイドライン

1 グローバル動向──1948年～1990年代（国際人権章典・ILO宣言・OECD多国籍企業行動指針）

(1) 国際人権章典及びILO宣言

① 世界人権宣言

第２次世界大戦の反省を踏まえ，すべての人間には基本的人権が備わっていることを，初めて体系的に宣言した文書が，国連が1948年に採択した世界人権宣言[1]です。

世界人権宣言には法的拘束力はありませんが，現在の国際人権法の礎になっており，すべての人とすべての国が達成すべき共通の基準としてグローバルで広く認識されています。

② 国際人権規約

世界人権宣言の規定内容に法的拘束力を持たせ，条約化したのが1966年の第21回国連総会にて採択された国際人権規約[2]です。日本は1979年に批准しています。

国際人権規約は，市民的及び政治的権利に関する国際規約（以下，自由権規約）[3]及び経済的，社会的及び文化的権利に関する国際規約（以下，社会権規約）[4]から構成されます。

自由権規約は，自由権に対する国家の干渉の排除を基本的な考え方としており，主には，以下に挙げる権利を規定しています。

【自由権規約】
- 奴隷的拘束及び強制労働からの自由
- 身体の自由
- 刑事裁判及び刑罰に関する保証
- 居住及び移転の自由
- プライバシーの保護
- 思想，良心及び宗教の自由
- 意見及び表現の自由
- 集会及び結社の自由
- 婚姻の自由

- 児童の権利
- 参政権
- 裁判を受ける権利
- 少数民族の権利

自由権規約に対して，社会権規約は社会権に対する国家の積極的な保障を基本的な考え方としており，主には，以下に挙げる権利を規定しています。

【社会権規約】
- 労働権・団結権・社会保障についての権利
- 家庭，母性及び児童・年少者の保護ならびに相当な生活水準及び健康の享受に関する権利
- 教育及び文化活動に関する権利

世界人権宣言と国際人権規約は，合わせて「国際人権章典」と呼ばれており，企業による人権尊重の基礎として広く認知されています。これらの国際的規範が策定された当時は，国家の都合により個人の権利が制限される事態の防止や国家による積極的な人権の保障が主な論点であり，「国家」対「個人」という構図が一般的でした。

しかしながら，時代が進み経済が発展するにつれて，特にサプライチェーンにおいてグローバル企業の事業活動が引き起こす人権侵害が顕著となり，「企業」の責任が厳しく追及されるようになると，「国家」対「個人」よりも，「企業」対「個人」の関係性がより問題視されるようになりました。国際人権章典等が策定された当時と現在では，人権を取り巻く社会情勢は大きく異なります。したがって，企業の事業活動における人権尊重の実務を検討する際には，国際的規範が示す人権課題を企業の文脈で捉え直す必要がある点には留意が必要です。

③ 労働における基本的原則及び権利に関するILO宣言

国際労働機関（International Labour Organization）（以下，ILO）は，第1次世界大戦後に国際連盟とともに設立された国際組織であり，現在の国連体制下では，世界の労働者の労働条件や生活水準の改善を推進するための専門機関

として活動しています。ILOは1919年の設立以降，数多くの労働者の権利に関する規範や条約を策定していますが，そのなかでも，企業が認知すべき重要な規範としては，1998年のILO総会で採択された「労働における基本的原則及び権利に関するILO宣言」（以下，ILO宣言）が挙げられます。

通常のILO条約は，加盟国が国内で批准手続きをとり，条約内容を国内法化することによって条約としての効力が発揮されますが，ILO宣言にて規定されている５分野・10条約については，各国の条約の批准有無にかかわらず，国家にはその権利の尊重・促進・実現に向けた義務があると解されています。

ILO宣言で規定されている５分野とは，「結社の自由及び団体交渉権の効果的な承認」，「強制労働の廃止」，「児童労働の撤廃」，「雇用及び職業における差別の排除」，「安全で健康的な労働環境」です。５分野とそれに紐付くILOの10条約は，図表２-２のように整理されます。なお，この５分野・10条約は，「中核的労働基準」と呼称されることが一般的です。

ILO宣言が策定された1998年当時，中核的労働基準は４分野８条約で構成されていました。しかしながら，新型コロナウイルス感染症のパンデミックが世界の労働環境に対して重大かつ変革的な影響を与え，労働安全衛生の重要度が著しく高まったことを受けて，2022年６月に開催されたILO総会において「安全で健康的な労働環境」を中核的労働基準に追加することが決議され，即時発効となりました。

ちなみに日本は，長らく「強制労働の廃止」に紐付く第105号条約を批准していませんでしたが，後述する「ビジネスと人権に関する行動計画（2020-2025）」のなかで「批准することが適当と認められる基本的なILOの条約及び他のILOの条約の批准を追求するための継続的かつ持続的等努力を払っていく」[5]ことが行動計画の１つとして明確に定められたことを受け，2022年７月に同条約を批准しています。なお，本書執筆時点では，「安全で健康的な労働環境」に紐付く第155号条約及び「雇用及び職業における差別の排除」に紐付く第111号条約はまだ未批准であることから，批准に向けた今後の法整備が期待されています。

図表２−２ ILO宣言で規定されている中核的労働基準

労働における基本的原則及び権利に関するILO宣言

すべての加盟国は，問題となっている条約を批准していない場合においても，まさにこの機関の加盟国であるという事実そのものにより，誠意をもって，憲章に従って，これらの条約の対象となっている基本的権利に関する原則，すなわち，

(a)結社の自由及び団体交渉権の効果的な承認
(b)あらゆる形態の強制労働の禁止
(c)児童労働の実効的な廃止
(d)雇用及び職業における差別の排除
(e)安全で健康的な労働環境（NEW）

を尊重し，促進し，かつ実現する義務を負うことを宣言する。

→

(a)結社の自由・団体交渉権の効果的な承認
■結社の自由及び団結権の保護に関する条約（87号）
■団結権及び団体交渉権についての原則の適用に関する条約（98号）

(b)強制労働の廃止
■強制労働に関する条約（29号）
■強制労働の廃止に関する条約（105号）

(c)児童労働の撤廃
■就業の最低年齢に関する条約（138号）
■最悪の形態の児童労働の禁止及び廃絶のための即時行動に関する条約（182号）

(d)雇用及び職業における差別の排除
■同一価値の労働についての男女労働者に対する同一報酬に関する条約（100号）
■雇用及び職業についての差別待遇に関する条約（111号）

(e)安全で健康的な労働環境
■職業上の安全・衛生及び作業環境に関する条約（155号）
■職業上の安全及び健康促進枠組条約（187号）

（出典：ILO駐日事務所「労働における基本的原則及び権利に関するILO宣言」をもとにKPMGにて作成）

(2) OECD多国籍企業行動指針

① OECD多国籍企業行動指針の概要

OECDは1976年６月に「国際投資と多国籍企業に関するOECD宣言」を採択しました。本宣言は４つの文書[6]から構成されており，そのうちの１つが「OECD多国籍企業行動指針―世界における責任ある企業行動のための勧告」（以下，OECD多国籍企業行動指針）です。

OECD多国籍企業行動指針は，多国籍企業の事業活動が引き起こす環境破壊や人権侵害等の問題が世界規模で顕在化かつ深刻化している実態を踏まえ，企業に対して自主的な責任ある行動を促すために策定されました。1976年に初版が策定されて以降，市場環境や企業行動の変化等に合わせ，1979年，1984年，1991年，2000年，2011年と，計5回改訂されています。

図表2-3　OECD多国籍企業行動指針（2011年改訂版）の構成と骨子

序文	
Ⅰ．定義と原則	「行動指針」は多国籍企業に対し，良き慣行の原則・基準を提供。「行動指針」の遵守は任意のものであり，法的に強制しうるものではない。参加国政府は「行動指針」の普及を促進し，「各国連絡窓口（NCP）」を設置。
Ⅱ．一般方針	持続可能な開発の達成，人権の尊重，能力の開発，人的資本の形成，良いコーポレート・ガバナンスの維持等のため企業は行動すべき。リスクに基づくデュー・ディリジェンスを，サプライチェーンを含む企業活動による悪影響を特定，防止，緩和するための主要ツールとして導入。
Ⅲ．情報開示	企業は，活動，組織，財務状況及び業績等について，タイムリーかつ定期的に情報開示すべき。企業が情報開示すべき重要情報と，企業による情報開示が奨励される情報を例示。
Ⅳ．人権（2011年に新設）	企業には人権を尊重する責任があり，自企業及び取引先の活動等において，適切に人権デュー・ディリジェンスを実施すべき。
Ⅴ．雇用・労使関係	企業は，労働者の権利の尊重，必要な情報の提供，労使間の協力促進，途上国で活動を行う際の十分な労働条件の提供，訓練の提供，集団解雇の合理的予告等を行うべき。
Ⅵ．環境	企業は，環境，公衆の健康及び安全等を保護し，持続可能な開発の達成等に向け十分考慮を払うべき。
Ⅶ．贈賄，贈賄要求，金品の強要の防止	企業は，賄賂その他の不当な利益の申し出，約束または要求等を行うべきでない。2011年の改訂により，対象範囲を贈賄要求，金品の強要の防止にも拡大，少額の円滑化のための支払いについても言及。
Ⅷ．消費者利益	企業は公正な事業，販売及び宣伝慣行に従って行動し，提供する物品・サービスの安全性と品質確保等のため合理的な措置を実施すべき。消費者情報を保護し，誤解を招きやすい販売活動を防止し，弱い立場にある消費者やEコマース等にも適切に対応すべき。
Ⅸ．科学・技術	企業は，受入国の技術革新能力の発展，受入国への技術・ノウハウの移転等に貢献すべき。

Ⅹ．競争	企業は，法律・規則の枠内において競争的な方法で活動すべき。
Ⅺ．納税	企業は納税義務を履行することにより，受入国の公共財政に貢献すべき。

（出典：「OECD多国籍企業行動指針」をもとにKPMGにて作成）

OECD多国籍企業行動指針には，図表２-３のとおり，企業行動に関する原則と基準が幅広い分野で定められています。OECD多国籍企業行動指針は，OECDの勧告という位置付けで策定された文書であるため，法的拘束力を有していません。一方で，2000年に実施された指針改訂において，以下の②で解説する手続きが整備され，同指針に明らかに違反する企業行動を抑止する力が強化されたことが特徴といえます。

② ナショナル・コンタクト・ポイント（NCP）

OECD多国籍企業行動指針の実効性を担保するために，OECDに加盟する各国政府には，個々の多国籍企業の具体的な問題を処理するための国内連絡所，いわゆる「ナショナル・コンタクト・ポイント」（以下，NCP）を設置することが，2000年の指針改訂を通じて求められました。NCPは，OECD多国籍企業行動指針の普及や具体的なビジネス活動との関連で提起された問題について，その解決を支援する役割を担っており，日本では外務省・厚生労働省・経済産業省の３者で構成されています。

NCPの利用が可能なステークホルダーは制限されておらず，書面を通じて，個人でも組織／企業でも問題提起をすることが可能ですが，その際には，問題提起をするに至った背景，OECD多国籍企業行動指針を遵守していないと想定される企業の具体的個別事案，NCPの手続きを通じて得ることを期待する成果等を詳細に説明することが求められます[7]。

日本の「ビジネスと人権に関する行動計画（2020-2025）」のなかでは，「『OECD多国籍企業行動指針』に基づく日本NCPの活動の周知とその運用改善」が，救済へのアクセスを強化するための措置の１つとして挙げられています。具体的には，「公平性と中立性の確保に努めつつ，手続きの透明化を進め，引き続き広報活動」を実施することや，「政労使で構成される日本NCP委員会と協力し，要すれば適宜有識者からの助言を求めていく」ことなどが挙げられています。

2 グローバル動向──2000年～2010年代（UNGC及びPRI）

(1) 国連グローバル・コンパクト

1990年代以降，急速にグローバル化が進むなかで，国家や国際機関だけでは解決できないグローバル化の負の側面が顕著となり，グローバルな課題解決に向けた民間（企業・団体）の参画が求められるようになりました。このような背景を踏まえ，国連と民間が手を結び健全なグローバル社会を築くためのイニシアチブとして発足したのが，「国連グローバル・コンパクト」（以下，UNGC）[8]です。UNGCは1999年の世界経済フォーラムにおいて当時のコフィー・アナン国連事務総長により提唱され，2000年に正式に発足されました。

UNGCは，署名する各企業・団体が責任ある創造的なリーダーシップを発揮し，社会の良き一員として行動することで持続可能な社会の実現を目指す，自発的な取組みです。署名する各企業・団体には図表2－4で示す「人権」，「労働」，「環境」，「腐敗防止」の4つの分野からなる10の原則を遵守した事業活動が求められています。これらの原則は，本章**1**で解説した国際人権章典やILO宣言に代表される人権に関する国際的規範をはじめとして，環境と開発に関するリオ宣言[9]や腐敗防止に関する国連条約[10]等の趣旨を踏まえて策定されており，企業が事業活動を通じて守るべき普遍的な価値としてグローバルで広く認

図表2－4　国連グローバル・コンパクトの10原則

分野	原則	内容
人権	原則1	国際的に宣言されている人権の保護を支持，尊重し，
	原則2	自らが人権侵害に加担しないよう確保すべきである。
労働	原則3	結社の自由と団体交渉の実効的な承認を支持し，
	原則4	あらゆる形態の強制労働の撤廃を支持し，
	原則5	児童労働の実効的な廃止を支持し，
	原則6	雇用と職業における差別の撤廃を支持すべきである。
環境	原則7	環境上の課題に対する予防原則的アプローチを支持し，
	原則8	環境に関するより大きな責任を率先して引き受け，
	原則9	環境にやさしい技術の開発と普及を奨励すべきである。
腐敗防止	原則10	強要と贈収賄を含むあらゆる形態の腐敗の防止に取り組むべきである。

（出典：UNGC The Ten Principles of the UN Global Compactをもとに KPMGにて作成）

知されています。

図表２-４のとおり，人権に関しては，原則１及び原則２において，「国際的に宣言されている人権の保護を支持，尊重し，自らが人権侵害に加担しないよう確保すべきである。」という企業への期待が明記されています。

(2) 責任投資原則（PRI）

持続可能な社会の実現を後押しするためには，国等の公的組織やNGO・NPOだけではなく，機関投資家が果たすべき役割が重要であることがグローバル全体で再認識され，2006年に責任投資原則（Principles for Responsible Investment）が策定されました。

責任投資原則とは，当時のコフィー・アナン国連事務総長が2005年に提唱し，国連環境計画・金融イニシアチブ及び国連グローバル・コンパクトとのパートナーシップにより定められた機関投資家のための行動原則及びイニシアチブです。2022年12月末時点では，5,300を超える機関投資家が署名をしています[11]。

図表２-５ 責任投資原則の６原則

原則	内容
原則１	投資分析と意思決定のプロセスにESGの課題を組み込む。
原則２	活動的な（株式などの）所有者になり，その所有方針と所有慣習にESG問題を組み入れる。
原則３	投資対象の主体に対してESGの課題について適切な開示を求める。
原則４	資産運用業界において本原則が受け入れられ，実行に移されるように働きかけを行う。
原則５	本原則を実行する際の効果を高めるために協働する。
原則６	本原則の実行に関する活動状況や進捗状況に関して報告する。

（出典：PRI「責任投資原則」（2021年版）をもとにKPMGにて作成）

責任投資原則は，図表２-５のとおり６原則から構成され，機関投資家に対してESG（環境：Environment，社会：Social，企業統治：Governance）の観点を考慮した，投資行動やオーナーシップを求めています。

６原則のなかでも特にポイントとなるのは，原則１・２・６の内容です。PRIに署名する機関投資家には，投資の意思決定プロセスや投資先とのエンゲージメント等においてESGの観点を織り込むことが期待されており，かつ，

6原則に沿って実施した取組み内容について年次でPRI事務局に報告する義務が課せられています。報告要件は，機関投資家や企業を取り巻く市場環境変化等を踏まえながら定期的に更新されていることが特徴です。特に2023年1月に公表された「2023 Reporting Framework」[12]に基づくと，PRIへの報告要件の1つとして人権が明確に盛り込まれていることが確認できます。

なお，責任投資原則への署名は，法令等で要請されているものではなく，各機関投資家の完全なる自由意思に基づくものではありますが，責任投資原則署名機関としての最低限の義務や役割を果たせていない場合は，除名処分が下されることもあるため留意が必要です。

3 グローバル動向 ——2010年～現在（国連指導原則・各種法令等の整備）

(1) ビジネスと人権に関する指導原則

① 国連指導原則の策定背景

「ビジネスと人権に関する指導原則：保護，尊重及び救済の枠組みにかかる指導原則」（以下，国連指導原則）[13]とは，2011年に国連人権理事会で採択された国際的規範であり，国家や企業がビジネスとの関連のなかで人権を尊重する際の指針として，広くグローバルで認知されています。ビジネスと人権に関連する文書のなかでは最も重要な文書であることから，企業が人権マネジメントを推進する際に拠り所になる，いわゆる“憲法”的存在といっても過言ではありません。

国連指導原則は，当時の国連事務総長であったコフィー・アナン氏の参謀として，国連グローバル・コンパクトの設計にも携わったハーバード大学ケネディスクールのジョン・ラギー氏による功績が大きいことから，「ラギー原則」や「ラギーフレームワーク」と呼ばれることもあります。

ジョン・ラギー氏は，2005年に「『人権と多国籍企業』に関する国連事務総長特別代表」に任命されたことを契機として，ビジネスのグローバル化が引き起こすグローバル企業／多国籍企業の人権侵害に対処するための調査を開始しました。2008年には，調査結果を踏まえた報告書として「保護，尊重及び救済の枠組み」[14]を策定し，同枠組みを運用することを目的にその内容を再整理し，

2011年に国連指導原則として発表しました。

②　国連指導原則の概要

国連指導原則は，本原則の位置付けを説明する「一般原則」に加えて，「人権を保護する国家の義務」，「人権を尊重する企業の責任」，「救済へのアクセス」という３本の柱に紐付く全31の原則から構成されています。なお，各原則には解説文（Commentary）が付されており，各原則の趣旨等が詳しく説明されています。国連指導原則の要点をまとめると，図表２-６のように整理されます。

図表２-６　国連指導原則の構成と主なポイント

ビジネスと人権に関する指導原則

「一般原則」の主なポイント

- 本原則は，国家の既存の義務，人権を尊重する企業の役割，権利侵害に対する実効的な救済の必要性について規定する
- 本原則は，すべての国家及び（規模，業種，拠点，所有形態等にかかわらず）すべての企業に適用される

「人権を保護する国家の義務」にかかる主なポイント（原則1～10）	「人権を尊重する企業の責任」にかかる主なポイント（原則11～24）	「救済へのアクセス」にかかる主なポイント（原則25～31）
• 管轄内における個人の権利を尊重し，人権侵害から保護する義務を負う • 企業が人権尊重の取組みを推進できるように，法律や政策などを整備する • 国家が実質的に所有／支配している企業に対して，人権デュー・ディリジェンスの実施を求める • 紛争影響地域において活動する企業が人権侵害に関与しないように支援をする • 政策の一貫性の確保に留意しつつ，ビジネスと人権の課題に対処する幅広いアプローチをとる	• 国際人権章典及びILO宣言で挙げられている人権を最低限尊重し，事業活動を展開する国・地域の法令と国際的規範の間にギャップがある場合は，国際的規範を尊重する方法を追求する • 企業は，直接的に負の影響を引き起こした場合だけでなく，負の影響を助長したり，負の影響に加担したりする場合にも責任を負う • 人権方針等の公表を通じて，人権を尊重する企業姿勢を明確化する • 人権デュー・ディリジェンス（人権に対する負の影響を特定し，防止，軽減し，対処する）を継続的に実施する • 予見していなかった，または防ぎきれなかった人権への負の影響が発生した場合は，適切に是正措置を講じる	• 国家は，人権に負の影響を受けた人々が実効的な救済にアクセスできるように，司法／非司法，行政，立法等の観点から，しかるべき手段を整備する • 企業は，負の影響を受けた個人や地域社会の救済のために，実効的な事業レベルのグリーバンス・メカニズムを確立する • グリーバンス・メカニズムの実効性を確保する観点からは，8要件を充足する： ☑ 正当性 ☑ アクセス可能性 ☑ 予測可能性 ☑ 公平性 ☑ 透明性 ☑ 国際的に認められた人権と適合 ☑ 継続的な（メカニズムの）改善 ☑ エンゲージメント及び対話に基づく

（出典：国連指導原則をもとにKPMGにて作成）

国連指導原則が定める全31原則のうち，企業実務の観点から重視すべきは，「人権を尊重する企業の責任（第２の柱）」の原則11から24及び「救済へのアクセス（第３の柱）」の原則29から31の内容です。これら原則の内容を根拠とし

て，企業には，「人権に対するコミットメント」，「人権デュー・ディリジェンス」，「救済へのアクセス」という３要件に取り組むことが課せられています。第３章では企業に課せられている３要件の内容を解説していますので，詳細についてはそちらをご参照ください。

⑵　国連指導原則報告フレームワーク

①　国連指導原則報告フレームワークの概要

「国連指導原則報告フレームワーク」（以下，報告フレームワーク）[15]は，国連指導原則が企業に要求する人権に対する取組みを，企業が人権報告書等を通じて対外的に報告する際に活用する包括的な指針であり，Human Rights Reporting and Assurance Frameworks Initiative[16]によって2015年に策定され，日本語版は2017年に公表されました。国連指導原則とは異なり国連理事会による採択や承認は受けていませんが，国連指導原則が示す企業への要求水準を網羅的に把握できるため，企業にとっては有用性の高いツールとしてグローバルで広く認知されています。

本フレームワークは，人権報告書の策定やHP等を通じた人権に関する情報開示に際して活用されることが一般的ですが，本フレームワークで示されている人権マネジメントの要求水準と自社の取組みを比較することによって，人権マネジメントの成熟度や今後の取組みを特定・把握することができるため，企業実務の現場では人権マネジメントの高度化プロセスの一環として活用されることもあります。特に日本では，人権報告書の策定・開示が一般化していないため，同報告書を開示する企業は上場大手の数社に留まりますが，人権デュー・ディリジェンスのプロセスを構築する際の拠り所として活用する企業は徐々に増えています。

本フレームワークは，「パートＡ：人権尊重のガバナンス」，「パートＢ：報告の焦点の明確化」，「パートＣ：顕著な人権課題の管理」という３パートから構成されており，各パートには複数の質問項目が設定されています。各パート内で設定されている質問項目は，２種類に分けられます。

１つは「包括的質問」で，これらには「小規模な企業や，取組みの比較的初期段階にある企業も含めて，いかなる企業」であっても回答することが期待されています。例えば，人権方針の策定有無やその内容，顕著な人権課題に対する具体的な取組み，（顕著な人権課題に関する）ステークホルダーエンゲージメントの実施状況，人権侵害に対する具体的な救済措置等が挙げられます。

もう１つは「補助的質問」で，これらは包括的質問の傘下に位置付けられます。補助的質問にどの程度回答するかは各企業の判断に委ねられていますが，「より多くの質問に徐々により詳しく回答することにより，全体としてさらに内容の充実した報告を提供できるようになる」ため，可能な限り網羅することが推奨されています。包括的質問及び補助的質問の要点をまとめると，図表２-７のように整理されます。

②　国連指導原則報告フレームワークの特徴

次頁の図表２-７で示すパートＢ及びパートＣから読み取れるとおり，報告フレームワークは「顕著な人権課題」を特定し，そこに重点を置いた報告を求めていることが特徴的です。

顕著な人権課題とは「当該企業の活動または取引関係により，最も深刻な影響を被るリスクのある人権」と定義されています。「人権」といえど，その種類は多岐にわたるため，自社の事業活動にとって特に深刻度が高い人権課題を明確にしたうえで，それら人権課題に対する取組みを集中的に報告・開示すべきというのが報告フレームワークの基本的な考え方です。また，本フレームワークでは，「顕著な人権課題」を判断する基準である「深刻さ」の考え方が定義されていることも重要なポイントです。

人権に対する負の影響の「深刻さ」は，「規模」，「範囲」，「救済可能性」という３つの要素に分解されます。

「規模」とは，人権への影響がどのくらい重大か，または深刻であるかを考慮する視点と定義されています。より具体的にいうと，人権侵害の内容・背景や人権侵害の様態・状況等の考慮であり，例えば，死につながる恐れがあるのか，人体に直接的な傷害があるのか，精神的な苦痛があるのか，そのような苦痛は持続しているのか等の観点を考慮することが求められています。

次に「範囲」とは，人権に対する負の影響を受けている，またはその可能性のある人々の数を考慮する視点と定義されています。例えば，影響を受けた人は個人に限定されるのか，またはグループに及んでいるのか等を踏まえる必要があります。

最後に「救済可能性」とは，影響を被った被害者の人権が，被害を受ける前

図表2-7 国連指導原則　報告フレームワークの概要

パート	包括的質問	補助的質問のエッセンス
パートA：人権尊重のガバナンス	1．方針のコミットメント	人権尊重へのコミットメントの内容
		A1.1：コミットメントの策定プロセス
		A1.2：コミットメントが対象にするステークホルダー
		A1.3：コミットメントの周知方法
	2．人権尊重の組み込み	人権尊重のコミットメントの事業への反映
		A2.1：人権に関する日常的な責任／説明責任
		A2.2：取締役会での議論
		A2.3：従業員及び契約労働者に対する人権尊重意識の醸成
		A2.4：取引関係上における人権尊重の表明
		A2.5：人権尊重のための管理方法の教訓と改善
パートB：報告の焦点の明確化	1．顕著な人権課題の提示	事業及び取引関係に関連した，負の影響の提示
	2．顕著な人権課題の明確化	顕著な人権課題の設定プロセスの開示
	3．重点地域の選択	顕著な人権課題のうち特に重点を置く地域の選択プロセスの開示
	4．追加的な深刻な影響	負の影響のうち，顕著な人権課題以外の影響の特定
パートC：顕著な人権課題の管理	1．顕著な人権課題への取組み方針	顕著な人権課題への具体的方針
		C1.1：方針の周知方法
	2．ステークホルダーエンゲージメント	ステークホルダー・エンゲージメントの実施
		C2.1：関与するステークホルダーの特定
		C2.2：関与するステークホルダーの理由
		C2.3：ステークホルダーから受けた影響
	3．顕著な人権課題の変化・見直し	顕著な人権課題の時間経過による変化
		C3.1：顕著な人権課題に対する影響の傾向
		C3.2：顕著な人権課題に対する影響の個別例
	4．評価結果の統合及び対処	顕著な人権課題それぞれについての評価結果による事業活動の変容
		C4.1：社内各部門の関与
		C4.2：負の影響予防・軽減と他の事業目的とのジレンマ対処
		C4.3：潜在的影響の防止措置
	5．顕著な人権課題に対する取組みの追跡	人権に対する取組みの実効性の確認方法
		C5.1：実効性管理の具体事例
	6．是正	救済を実行可能なものとする方法
		C6.1：苦情処理プロセス
		C6.2：苦情処理の実効性確認方法
		C6.3：苦情処理方法の評価
		C6.4：実際の苦情処理事例とそこから学んだこと
		C6.5：顕著な人権課題にかかわる救済の事例

(出典：国連指導原則　報告フレームワークをもとにKPMGにて作成)

の状態に回復できる可能性と定義されています。影響を受けた個人の権利が被害を受ける前の状態に戻るまでに講じるべき措置の迅速さが考慮されることが一般的です。例えば，人権侵害を是正するために即時に措置を講じる必要はないのか，または，即時に措置を講じなければ人権侵害の影響を是正することはできないのか等の考慮が挙げられます。

⑶　責任ある企業行動のためのOECDデュー・ディリジェンス・ガイダンス

①　OECDガイダンスの概要と特徴

Ｇ７[17]やG20[18]という首脳会合のレベルから，国連指導原則に基づいた人権に関するデュー・ディリジェンスの実施が要請された背景を踏まえ，企業がデュー・ディリジェンスを実施する際の指針となるよう策定されたのが2018年にOECDが公表した「責任ある企業行動のためのOECDデュー・ディリジェンス・ガイダンス」（以下，OECDガイダンス）[19]です。人権を含む「責任ある企業行動に関する課題（通称，RBC課題）」[20]に対して，企業がデュー・ディリジェンスを実施する際の考え方や手順等が説明されており，人権デュー・ディリジェンスの実施に際して参考とすべき標準的ガイダンスとしてグローバルで広く認知されています。

OECDガイダンスには，実務的な有用性を見据えて，企業に推奨される具体的行動やQA形式による補足解説等が多く含まれていることが特徴的です。また，特に高リスクが懸念されるセクターや固有論点が多いセクター向けには，個別のセクター別ガイダンスや勧告文書等が策定されていることも特徴の１つとして挙げられます。

OECDがデュー・ディリジェンスに関連して策定する主なガイダンスは，図表２－８のように整理されます。OECDガイダンス（共通ガイダンス）と各セクター別のガイダンスは，同じアプローチに基づき策定されており，相互に補完し合う関係であることから，企業は，自らの事業やサプライチェーンまたはセクター（金融，アパレル，農業，採取，鉱物）について最も具体的かつ関連のあるガイダンスを使用することが推奨されています。

図表2-8　OECDがデュー・ディリジェンスに関連して策定する主なガイダンス

区分	分野	ガイダンス
共通ガイダンス		責任ある企業行動のためのOECDデュー・ディリジェンス・ガイダンス
セクター別ガイダンス	金融	機関投資家の責任ある企業行動
		責任ある企業融資と証券引受のためのデュー・ディリジェンス
		プロジェクトファイナンス及びアセットファイナンスのための責任ある企業行動のデュー・ディリジェンス
	アパレル	衣類・履物セクターにおける責任あるサプライチェーンのためのデュー・ディリジェンス・ガイダンス
	農業	責任ある農業サプライチェーンのためのOECD-FAOガイダンス
	採取	採取セクターにおける有意義なステークホルダー参画のためのデュー・ディリジェンス
	鉱物	OECD紛争地域及び高リスク地域からの鉱物の責任あるサプライチェーンのためのデュー・ディリジェンス・ガイダンス（すず，タンタル，及びタングステンに関する補足書を含む）
その他ガイダンス		鉱物資源のサプライチェーンにおける最悪の形態の児童労働を特定し，それに対処するための企業の実践的な行動　など

(出典：OECD Guidelines for Multinational Enterprise[21]をもとにKPMGにて作成)

②　OECDガイダンスに基づくデュー・ディリジェンスの考え方

OECDガイダンスでは，企業は，企業の事業活動・製品・サービスが原因となったり，助長したりする可能性のある負の影響を予測し，防止または軽減させるために，デュー・ディリジェンスを実施することを推奨しています。デュー・ディリジェンスを実施することで，企業は，ステークホルダーとの関係性向上，企業の信用の保護，コスト削減機会の特定，市場等に対する理解向上，自社固有の事業リスク及び操業リスクに対する管理の強化，関連事故発生の防止，法的要件の充足等のメリットを享受できます。

OECDガイダンスでは，デュー・ディリジェンスの特徴として，図表2-9で示す11項目が挙げられています。また，これらのデュー・ディリジェンスに関する特徴を踏まえたうえで，企業がデュー・ディリジェンスに対応する一連の流れは，図表2-10のように整理されています。

矢印が循環していることから読み取れるように，デュー・ディリジェンスへ

図表２-９ OECDガイダンスが示すデュー・ディリジェンスの特徴

1	デュー・ディリジェンスは予防手段である。
2	デュー・ディリジェンスには複数のプロセス及び目的が含まれる。
3	デュー・ディリジェンスはリスクに相応する（リスクベース）。
4	デュー・ディリジェンスには，優先順位付けが必要になる（リスクベース）。
5	デュー・ディリジェンスは動的である。
6	デュー・ディリジェンスは責任を転嫁しない。
7	デュー・ディリジェンスは国際的に認められたRBCの基準に関連する。
8	デュー・ディリジェンスを企業の状況に適合させる。
9	デュー・ディリジェンスは，ビジネス上の関係における制約に対処するために適応できる。
10	デュー・ディリジェンスはステークホルダーとのエンゲージメントから情報を得る。
11	デュー・ディリジェンスには継続的なコミュニケーションが必要である。

(出典：OECDガイダンスに基づきKPMGにて作成)

図表２-10 OECDガイダンスに基づくデュー・ディリジェンスへの一連の対応

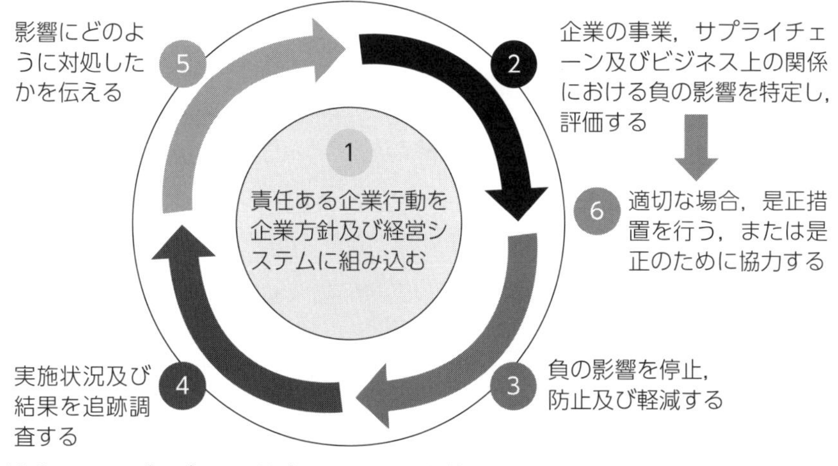

(出典：OECDガイダンスに基づきKPMGにて作成)

の一連の対応は，単発的な取組みではなく，定期的かつ継続的に取り組むことを前提としています。企業は特定された負の影響については優先順位を付けながら対応し（図表2-9の**4**），ステークホルダーとの継続的なエンゲージメントやコミュニケーション（図表2-9の**10**・**11**）を通じて得られたフィードバックを，動的に取り込みながら（図表2-9の**5**），デュー・ディリジェンスを定期的かつ継続的な取組みとして常に改善していくことがポイントです。

なお，OECDガイダンスに基づくデュー・ディリジェンスの考え方を基調とした人権デュー・ディリジェンスの基本的な考え方や具体的アプローチについては，第3章**3**のなかで解説しています。

(4) 英国現代奴隷法

① 世界における現代奴隷の実態

現代奴隷（Modern Slavery）は，経済が発展した今日においてなお解消されていない強制労働や強制結婚等の総称です。ILOが国際移住機関及び国際人権団体のWalk Freeと協働で実施した調査[22]によれば，2021年時点で現代奴隷

図表2-11　セクター別の成人における強制労働の被害状況

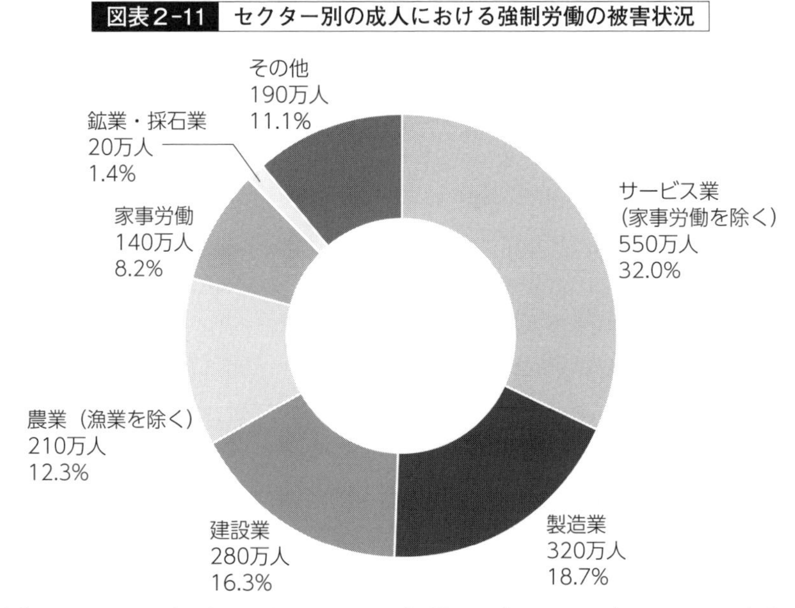

（出典：International Labour Organization (ILO), Walk Free, and International Organization for Migration (IOM) (2022), "Global Estimates of Modern Slavery: Forced Labour and Forced Marriage", p.31, Figure 8をもとにKPMGにて作成）

の被害者は4,960万人[23]に上ると報告されています。そのうちの半数以上（約2,760万人）は，強制労働の被害者だと推定されており，前回調査が実施された2016年の結果（約2,490万人）と比較すると，その数は約270万人も増加しています。

グローバル社会において現代奴隷の問題が深刻化している背景の1つとして，企業の事業活動の関与が指摘されています。同調査に基づくと，強制労働の約6割は民間経済（商業的性的搾取を除く）で発生し[24]，図表2-11で示すとおり，サービス業，製造業，建設業，農業等をはじめとするさまざまなセクターに広がっていることが確認されています。

② 英国現代奴隷法の成立背景

このような企業が引き起こす現代奴隷の問題解決に向けて，ヨーロッパの国家としていち早く対応に着手したのがイギリスです。もともとイギリスでは強制労働や人身取引を禁止する法律が制定されていましたが，移民問題とも関連し，現代奴隷はイギリス社会にとって大きな問題であったことから，既存の法律[25]を改正・統合するかたちで2015年3月26日にModern Slavery Act 2015（以下，英国現代奴隷法）[26]を制定し，同年7月末に施行しました。

英国現代奴隷法の策定過程ではNGOが重要な役割を果たしています。NGOの調査[27]のなかで，企業のサプライチェーンにおける現代奴隷の深刻な実態が明らかにされたことを受け，同法には当初規定がなかったサプライチェーン等の透明性確保にかかる条項（第54条）が追加され，2015年10月末に施行されました。

企業実務の観点からすると，この第54条への対応が極めて重要です。③では英国現代奴隷法の概要とともに第54条について詳述します。

③ 英国現代奴隷法の概要と特徴

英国現代奴隷法は，次頁の図表2-12でその全体像を示すとおり，全7章の62か条から構成されています。まず第1章において，現代奴隷が犯罪行為として定義され（第1・2条），第2・3章で現代奴隷の防止措置，第4章で独立反奴隷制委員の設置，第5章で現代奴隷被害者の保護について，それぞれ規定されています。そして，続く第6章において，商業組織に対して，事業活動とそのサプライチェーンから現代奴隷制を排除する取組みについて報告するステートメントを毎年作成し，開示することを企業に義務付ける内容となっています（第54条）。

ここでは，企業実務の観点を踏まえながら，同法にて規定されている現代奴隷の定義及び企業として対応が必要な第54条を中心に解説します。

図表2-12　英国現代奴隷法の全体像

章		主な規定
第１章	犯罪行為	奴隷・隷属状態，強制労働，人身取引を犯罪行為として定義し（第1・2条），違反行為に対する罰則を定める。
第２章	防止命令	現代奴隷とそのリスクを未然に防ぐため，現代奴隷の罪で有罪判決を受けた者等に対して，裁判所が禁止命令を下す（児童と関わる仕事や雇用に関わる仕事，指定国への渡航等を禁ずる）ことを可能とする。
第３章	海上取締り	船舶に対して，現代奴隷にかかわる犯罪行為が疑われる場合に，その防止や発見等を目的として，警察官と執行官（税関，軍人等）が，船舶の停止や捜索，逮捕等を行うことを可能とする。
第４章	独立反奴隷制委員	現代奴隷にかかわる犯罪行為の予防や被害者の特定等について，適切な実務指針を示すため，独立反奴隷制委員（コミッショナー）を設置する。
第５章	被害者の保護	現代奴隷の被害者が，強制されるかたちで犯罪を行った場合，無罪とする。
第６章	サプライチェーンの透明性等	商業組織の事業活動及びサプライチェーンにおける現代奴隷防止への取組みの詳細，もしくは現代奴隷防止対策を講じていないことを明言するステートメントを毎年策定し，開示することを義務付ける（第54条）。
第７章	雑則及び一般条項	本法の解釈等

（出典：英国現代奴隷法をもとにKPMGにて作成）

ｉ）英国現代奴隷法に基づく「現代奴隷」の定義

英国現代奴隷法では，現代奴隷は人権を侵害する犯罪であり，「Slavery, servitude and forced or compulsory labour（奴隷状態，隷属状態及び強制労働）」及び「Human trafficking（人身取引）」から構成されると定義付けられています[28]。定義の詳細はイギリス政府による公式ガイド[29]に説明があり，そのポイントは図表２-13のとおりです。

図表２-13 英国現代奴隷法による現代奴隷の定義

類型	定　義
Slavery and Servitude 奴隷及び隷属状態	• 奴隷状態とは，加害者により，あたかも所有物かのように扱われ，自由が奪われている状態（1926年奴隷条約） • 隷属状態とは，強制的にサービス提供の義務が課されている状態（例：農奴）
Forced or Compulsory Labour 強制労働	• 強制労働とは，何らかの処罰が科せられるという脅威のもと，強制され，かつ，被害者自らの意思で申し出たものでないすべての労務（ILO，1930年強制労働条約第29号）
Human Trafficking 人身取引	• 人身取引とは，搾取の目的で，被害者の移動を手配または斡旋すること（騙されている場合や児童である可能性を踏まえ，たとえ被害者の同意があったとしても，犯罪となる） • 搾取には，奴隷・隷属状態，強制労働に加え，性的搾取や臓器の摘出，暴力・脅迫・欺瞞によるサービス等の確保，児童及び社会的弱者からのサービス等の確保が含まれる（英国現代奴隷法第３条）

（出典：イギリス政府公式ガイド附属書ＡをもとにKPMGにて作成）

ii）第54条への対応──企業に要求される対応実務

英国現代奴隷法の第54条は，企業を含む商業組織に対して，自社の事業活動及びサプライチェーンにおける現代奴隷防止への取組みの詳細，もしくは現代奴隷防止対策を講じていないことを明言するステートメントを毎年策定し，開示[30]することを義務付けています[31]。ステートメントの策定・開示義務は，すべての企業に課せられているわけではありませんが，サプライチェーンの透明性を幅広く確保する観点から，適用基準を満たさない企業であっても任意でステートメントを策定し，開示することが推奨されています[32]。

なお，本書執筆時点（2023年１月）では，ステートメントを策定・開示しない場合に，即時に罰則が適用される運用にはなっていませんが，複数回の注意勧告にもかかわらず，対応しなかった場合には，無制限の罰金が科される可能性が示されています[33]。

本条項が適用される基準は，以下の４点[34]であり，イギリスで何らかのビジネスを展開する，ある程度の規模の企業であれば適用される可能性が高いため，留意が必要です。

①　（所在国にかかわらず）法人，パートナーシップ企業であること
②　イギリス国内で何らかの事業を行っていること
③　イギリス国内で商品あるいはサービスを提供していること
④　連結（自社及びその子会社）の年間売上高が3,600万ポンド（約61億円）を超えること

また，ステートメントの内容については，本条項のなかで規定はありませんが，図表２-14で示すように報告が推奨されている事項は６つあります[35]。ステートメントで報告が推奨されている事項の詳細は，イギリス政府の公式ガイドを通じて確認することが可能です[36]。

図表２-14　ステートメントで報告が推奨される事項

1	組織体制，事業内容及びサプライチェーン
2	奴隷と人身売買の防止に関する方針
3	事業及びサプライチェーン内での，奴隷と人身売買の防止体制に関する評価プロセス（デュー・ディリジェンス）
4	事業及びサプライチェーン内で，奴隷と人身売買のリスクが存在する領域，及びそのリスクを評価・管理する方法
5	事業及びサプライチェーン内で，奴隷と人身売買が存在しないことを担保するために，適切なパフォーマンス指標で測定された有効性
6	企業のスタッフ（必要な場合は，サプライヤーのスタッフ）に対するトレーニングと能力開発

（出典：英国現代奴隷法第54条第５項，及びイギリス政府公式ガイド第５章・附属書ＥをもとにKPMGにて作成）

④　英国現代奴隷法の改正動向

イギリス政府は，ステートメントの透明性や質の向上を図るために，英国現代奴隷法第54条の規定強化を提案し，2019年７月から９月にかけてパブリックコンサルテーションを実施しました。パブリックコンサルテーションに寄せられた意見に応える形で，2020年９月には，内務省が「政府回答（Government response）」[37]を公表し，提案に対しておおむね賛同が得られたことを踏まえ，報告すべき事項の拡充[38]，政府運営のオンライン・レジストリへのステートメント登録の義務化（現行は，自社ウェブサイトで公開）[39]，ステートメント開示義務を遵守しなかった場合の罰金の導入等といった方向性に基づく英国現代

奴隷法第54条の規定強化を示しました。2021年６月には，一連の改正提案に先立ち，第54条に関する罰則の導入等を求める同法の改正草案[40]が議会へ提出されているため，今後の審議の動向には注意が必要です。

(5) フランス企業注意義務法

フランスでは，2017年３月，大企業に対して人権デュー・ディリジェンスの実施を義務付ける「親会社及び発注企業の注意義務に関する法律」（以下，企業注意義務法）[41]が制定されました。企業注意義務法は，バングラデシュで発生したラナプラザ縫製工場ビルの崩落事故（2013年４月）[42]を契機として策定された法律です。

同法は，国連指導原則の考え方に基づき策定されており，適用対象となる企業に対しては，自社のみならずサプライチェーンも含めて，人権デュー・ディリジェンスの実施を直接的に義務付けていることが特徴です。

企業注意義務法の対象となる企業[43]は，年度末に２年連続して，自社及び直接・間接子会社の従業員数が5,000人以上のフランス領内に本社を置くすべての企業，または自社及び直接・間接子会社の雇用者数が10,000人以上のフランス領内外に本社を置くすべての企業と規定されています[44]。日系企業であっても当該要件を満たせば，適用対象となる点には留意が必要です。

また，同法が適用される企業には，主に以下の３項目への対応が求められます。

① 自社とその子会社及び「確立された商業上の関係」[45]にて生じるすべての人権リスク[46]や環境に対して深刻な侵害を及ぼすリスクを特定すること
② 特定したリスクを防止することを目的とした「注意義務計画（vigilance plan）」を策定し，その内容を実行すること
③ 注意義務計画書及びその実施報告書を年次報告書に含めて公開すること

特に，②の「注意義務計画」の策定に際しては，法令で規定されている５つの事項（図表２-15）を網羅することが必要です。

これら５つの事項は，国連指導原則が企業に求める人権マネジメント対応と整合しています。簡潔にいうと，人権デュー・ディリジェンスの実施（図表２

図表2-15 注意義務計画に記載が必要な5つの事項

1	リスクの識別・分析・階層化を目的とするリスク・マッピング
2	リスク・マッピングに沿って，子会社の情況及び商取引関係を結んでいる下請け会社または供給業者の情況に対する定期的な評価手続き
3	リスク緩和及び深刻な損害の防止措置に対応した諸活動
4	上述の会社における代表的な諸組合団体との協議のうえで確立されたリスクの存在・発生に関する警報及び通報制度の整備
5	実施される措置の追跡調査及びその措置の有効性を評価する対策

(出典：JETRO参考和訳「フランス共和国親会社及び経営を統括する企業の監視義務に関する2017年３月27日付け　法律2017-399号」を参考にKPMGにて作成)

-15の１-３及び５）及びグリーバンス・メカニズムの設置（図表２-15の４）に対応し，対応状況を報告することが求められています。

本法令では，適用対象となる企業が，例えば注意義務計画を公表しない等の義務違反を継続する場合[47]，管轄裁判所は利害関係者からの申立てに応じて，その企業に義務の履行を厳命し，必要に応じて罰金を科すことができると規定されているため，フランスで事業を展開する日本企業は留意が必要です。

(6) 豪州現代奴隷法

① 豪州現代奴隷法の成立背景

オーストラリアでは，2018年12月にModern Slavery Act 2018（以下，豪州現代奴隷法）[48]が連邦法として制定され，2019年１月１日に施行されました。

オーストラリアで現代奴隷法が採択された最大のきっかけは，2017年に豪州議会の委員会が公表した調査報告書[49]です。同報告書は，現代奴隷制と闘う世界的な取組みのなかでリーダーシップを発揮するイギリスの動向に注目し，英国現代奴隷法の有効性を調査したうえで，同等かそれ以上に改善した措置をオーストラリアに導入するよう勧告しています。オーストラリア連邦政府は同報告書を受け，また，企業や市民社会等との協議を踏まえながら豪州現代奴隷法を制定しました。

② 豪州現代奴隷法の概要と特徴

豪州現代奴隷法は，全４章の25か条から構成されます。第１章において，現代奴隷や適用対象となる企業が定義され，第2章で，連邦政府及び適用対象企業に対して，事業活動とサプライチェーンにおける現代奴隷制の発生リスクと対応措置について報告するステートメントを毎年作成し，提出することを義務付けています。また，第3章において，提出されたステートメントを政府公式の「Modern Slavery Statements Register」（以下，レジストリ）に掲載し，オンラインで一般に公開することが規定されています。そして，続く第4章において，同法のレビュー等を規定する内容となっています。なお，同法の適用対象企業の金額基準（現行は1億豪ドル）と報告義務を遵守しなかった場合の罰則の導入（現行は罰則規定なし）については，企業と市民社会の見解が分かれたため，施行3年後に同法をレビューする規定（第24条）を設け，その際に見直しが必要かどうかを検討するというかたちで妥協が図られました（改正動向については，③をご参照ください）。

ここでは，企業実務の観点を踏まえながら，同法にて規定されている現代奴隷の定義及び企業に要求されている対応実務の2点を中心に解説します。

i）豪州現代奴隷法に基づく「現代奴隷」の定義

豪州現代奴隷法における現代奴隷の定義は，「①trafficking in persons（人身取引）」，「②slavery（奴隷）」，「③servitude（隷属）」，「④forced labour（強制労働）」，「⑤forced marriage（強制結婚）」，「⑥debt bondage（債務による束縛）」，「⑦the worst forms of child labour（最悪の形態の児童労働）」，「⑧deceptive recruiting for labour or services（詐欺的な求人）」といった，8つの深刻な搾取的慣行を指します[50]。

ii）豪州現代奴隷法への対応——企業に要求される対応実務

同法は，連邦政府と適用条件を満たす企業に対し，事業活動とサプライチェーンにおいて現代奴隷制が発生していないことを確認するために，事業運営を精査する責任を課し，現代奴隷制の発生リスクと当該リスクへの対応として講じた措置について報告するステートメントを毎年作成し，提出することを義務付けています。

ステートメントの提出義務は，すべての企業に課せられているわけではありませんが，サプライチェーンの透明性を幅広く確保する観点から，適用基準を満たさない企業であっても任意でステートメントを提出することが推奨されています[51]。なお，本書執筆時点（2023年１月）では，英国現代奴隷法のような罰金を科す可能性は示されていませんが，ステートメントの提出義務を遵守せず，内務大臣の要求にも従わなかった場合，レジストリ上に企業名と不遵守内容等を公表できると規定されています[52]。

同法が企業に適用される基準は以下の２点[53]です。

① オーストラリア企業，またはオーストラリアで事業を行う企業であること
② 連結（自社及びその子会社）の年間売上高が１億豪ドル（約94億円）を超えること

本法律は域外適用を認めており，条件を満たす日本企業も適用対象となるため，留意が必要です。

企業が提出するステートメントの内容については，図表２-16のとおり，必須要件として８つの報告事項が規定されています[54]。また，オーストラリア連邦政府公式ガイドにおいて，報告事項の記載例等を掲載することにより，豪州現代奴隷法が求める記載レベルを明確にし，記載例と同等の報告を企業に期待しています[55]。

図表２-16　ステートメントの必須要件

1	報告対象企業の特定
2	報告対象企業の構造，オペレーション及びサプライチェーンについての説明
3	報告対象企業及び所有または管理する企業における，オペレーションとサプライチェーンに存在する現代奴隷に係るリスクの説明
4	報告対象企業及び所有または管理する企業における，現代奴隷に係るリスクを特定するために実施しているリスク評価とリスク対処のために講じているアクションについての説明（デュー・ディリジェンス及び改善措置等を含む）
5	（リスク対処のために講じている）アクションの有効性をどのように評価しているかの説明
6	報告対象企業が所有または管理する企業がある場合，それら企業との協議プロセスに関する説明（共同ステートメントを提出する場合は，ステートメントを公表する企業との協議プロセスの説明も必要）
7	その他，関連する情報
8	主要管理機関（企業の場合，取締役会が該当）による承認の詳細と，責任者の署名

（出典：豪州現代奴隷法第13条・第14条・第16条をもとにKPMGにて作成）

③　豪州現代奴隷法の改正動向

2022年３月31日，オーストラリア連邦政府は同法第24条に基づき，施行後３年間の運用について法定レビューを開始し，同法の遵守状況と運用を改善するために追加的な措置が必要か，または望ましいかを検討しています。本レビューの一環として，オーストラリア連邦政府は施行後３年間の有効性に関する論点をまとめた「イシューペーパー」[56]を公開し，2022年８月から11月にかけてパブリックコンサルテーションを実施しました。この結果も踏まえ，2023年３月末に法定レビューを終え，その後最終報告書が議会に提出される予定です[57]。

イシューペーパーでは，施行後３年間における同法の運用状況や遵守状況に加え，本レビューで検討すべき事項が報告されています。検討事項には，ステートメントの必須要件（図表２-16）の妥当性や，同法成立時にステークホルダーの見解が分かれた報告対象企業の金額基準（現行１億豪ドル）と罰則規定の導入といった論点が含まれており，今後見直される可能性があるため，注視する必要があります。

⑺　ドイツサプライチェーンにおける企業のデュー・ディリジェンス義務に関する法律

ドイツでは，2021年６月に，大企業に対して人権と環境に関するデュー・ディリジェンスの実施を法的に義務付ける「サプライチェーンにおける企業のデュー・ディリジェンス義務に関する法律」（以下，ドイツデュー・ディリジェンス法）[58]が連邦議会で可決され，2023年１月１日から施行されています。なお，今後，欧州委員会においてコーポレート・サステナビリティ・デュー・ディリジェンス指令案が採択された場合には見直される予定となっています。

ドイツデュー・ディリジェンス法は，その形態を問わず，ドイツにその本店，主たる事務所，管理本部または登記上の事務所があり，かつ，海外派遣者も含めドイツに3,000人以上の従業員を雇用しているすべての企業，またはドイツに支店を有しドイツに3,000人以上の従業員を雇用している企業に適用されます。なお，2024年から上記の従業員数は3,000人からそれぞれ1,000人に引き下げられる予定です。

また，同法では，人権と環境に関するデュー・ディリジェンスの実施対象となる「サプライチェーン」の範囲が明確化されています。サプライチェーンとは，企業のすべての製品及びサービスに関するもので，原材料の採掘から最終顧客への配送まで，製品の生産やサービスの提供に必要となるドイツ国内外のすべての過程（企業が自社事業領域[59]で行う行為・直接供給者[60]の行為・間接供給者[61]の行為）が含まれると定義されています。日本企業であっても，取引先のドイツ企業に同法が適用される場合，当該ドイツ企業から人権デュー・ディリジェンスの実施やリスク管理等の一環で協力を求められたり，当該協力を取引条件として設定されたりする可能性が考えられるため，留意が必要です。

ドイツデュー・ディリジェンス法は，適用企業に対して，サプライチェーンにおいて人権及び環境関連のデュー・ディリジェンスの実施義務及び報告義務を課しており，前会計年度における自社のデュー・ディリジェンス義務の履行に関するドイツ語の年次報告を会計年度終了後４ヵ月以内に所管官庁に電子的に提出するとともに，企業のウェブサイトで７年間にわたり無料で公開することが課せられています。当該報告書には少なくとも，企業が人権及び環境に関連して認識するリスク[62]または義務の違反にかかる事項の有無を記載する必要があります。

また，そのようなリスクや義務の違反を企業として認識する場合[63]には，デュー・ディリジェンスの義務を履行するために実施した取組み内容や講じた措置による影響とその効果，将来的な措置等といった詳細を，（ステークホルダーが）理解しやすい方法で記載することも求められています。同法で規定されている「デュー・ディリジェンスの義務」とは，人権や環境関連のリスクを防止または最小化することを目的とした，図表２-17で示す９項目です。

図表２-17　ドイツデュー・ディリジェンス法が定めるデュー・ディリジェンスの義務

1	リスク管理体制の構築
2	企業内における監督責任者の選定
3	定期的なリスク分析の実施
4	方針書の公表
5	自社事業領域及び直接供給者に対する予防措置の定着
6	是正措置の実行
7	苦情処理手続きの構築
8	間接供給者におけるリスクに関するデュー・ディリジェンス義務の実施
9	文書化及び報告

(出典：ドイツデュー・ディリジェンス法 第３条⑴をもとに，KPMGにて作成)

同法では，人権侵害を受けた労働者等（第２条第１項に基づく非常に重要な法的地位を侵害されたと主張する者）は，労働組合やNPO（非政府組織）等に対して，侵害された自身の権利を訴求するための訴求追行権限を付与することを認めている[64]ため，追及を受けた企業にとっては，大きなレピュテーションリスクに発展する可能性が考えられます。また，企業が故意または過失によって，同法に違反した場合は，義務違反の内容や個別事業を勘案したうえで，年間売上高に応じた課徴金が課される可能性があるため，注意が必要です。

(8) コーポレート・サステナビリティ・デュー・ディリジェンス指令案

① コーポレート・サステナビリティ・デュー・ディリジェンス指令案の概要

欧州連合の政策執行機関である欧州委員会が，企業に人権及び環境に関するデュー・ディリジェンスを義務付けることを目的に，2022年２月に発表したものが「コーポレート・サステナビリティ・デュー・ディリジェンス指令案」（以下，EU指令案）[65]です。EU指令案が成立した場合，それは人権デュー・ディリジェンスに関するルールとしてEU域内に適用され，EU加盟国は国内法制化を義務付けられます。先述のフランス，ドイツ等すでに人権デュー・ディリジェンスに関する法令を設けている国々も，EU指令案を反映させるために既存の法令を改正することが必要になります。

なお，欧州委員会が発表したEU指令案に対して，2022年11月にEU理事会（閣僚理事会）は通常の立法手続きを通じて，EU指令案を検討すると同時に，EU理事会としての修正案を発表しています。今後，EU理事会，欧州議会は議論を重ね，最終合意までにさらなる修正が加えられる可能性がありますが，本項では，当初の欧州委員会が発表したEU指令案をもとに，その概要やポイントを解説します。

② コーポレート・サステナビリティ・デュー・ディリジェンス指令案の対象範囲

EU指令案は，EU域内企業のみならず，EU域外企業（域外で設立された企業でEU域内にて一定の事業規模を持つ企業）もその対象としていることが特徴です。また，対象となる企業群を２つのグループに分け，指令の適用時期[66]に差異を設けています。

図表２-18　EU域内企業の対象範囲

	平均従業員数	純売上高（全世界）	対象業種	対象企業数
グループ１	500人超	１億5,000万ユーロ超	全業種	約9,400社
グループ2	250人超	4,000万ユーロ超	全世界純売上高の50％以上が高インパクトセクターにより生み出されている企業	約3,400社

（出典：European Commission「Proposal for a Directive of the European Parliament and of the Council on Corporate Sustainability Due Diligence and amending Directive（EU）2019/1937をもとにKPMGにて作成）

EU域内企業の対象範囲は，図表２-18のように整理されます。EU指令案の適用基準は，平均従業員数[67]，全世界における純売上高[68]，所属インダストリーという３つの要素が加味されて決定されます。

平均従業員数が500人超かつ全世界の純売上高が１億5,000万ユーロ超の企業は，グループ１に分類されます。また，グループ１に分類される企業は，全インダストリーが対象とされ，9,400社が該当すると公表[69]されています。

これに対して，平均従業員数が250人超かつ全世界の純売上高が4,000万ユーロ超の企業であり，さらに純売上高の50％以上が高インパクトセクターから生み出されている企業は，グループ２に分類され，約3,400社が該当すると公表されています。高インパクトセクターとは，人権及び環境の観点から負の影響の高いリスクが懸念される産業であり，例えば繊維工業や食料品製造業，鉱業等が列挙されています。現時点のEU指令案においては，19セクター[70]がそれに該当すると整理されています。

EU域外企業の対象範囲は，図表２-19のように整理されます。EU指令案の適用基準は，EU域内における純売上高[71]，所属インダストリーという２つの要素が加味されて決定されます。EU域内の純売上高が１億5,000万ユーロ超の企業は，グループ１に分類されます。また，グループ１に分類される企業は全インダストリーが対象とされ，約2,600社が該当すると公表されています。

これに対して，EU域内の純売上高が4,000万ユーロ超の企業であり，さらに

図表２-19 EU域外企業の対象範囲

	純売上高（EU域内）	対象業種	対象企業数
グループ１	1億5,000万ユーロ超	全業種	約2,600社
グループ2	4,000万ユーロ超	全世界純売上高の50％以上が高インパクトセクターにより生み出されている企業	約1,400社

（出典：European Commission「Proposal for a Directive of the European Parliament and of the Council on Corporate Sustainability Due Diligence and amending Directive (EU) 2019/1937をもとにKPMGにて作成）

純売上高の50％以上が高インパクトセクターから生み出されている企業はグループ２に分類され，約1,400社が該当すると公表されています。高インパクトセクターの定義は，EU域内企業の場合と同様です。

EU域内企業，域外企業にかかわらず，対象となった企業は，自社及び子会社のみならずバリューチェーン上の取引先において包括的なデュー・ディリジェンスの実施が義務付けられます。このバリューチェーン上の取引先とは，自社及び子会社と継続的なビジネス関係を持つ取引先を意味します。したがって，上記の対象範囲に該当せず直接的な義務を負っていなくとも，EU指令案が適用される企業と取引をしている企業であれば，EU指令案適用企業から，同等の対応を要求されることが想定されるため，留意が必要です。

③ EU指令案の対象企業に要求されるデュー・ディリジェンスの義務

EU指令案の対象企業に求められるデュー・ディリジェンスの実施義務は次頁の図表２-20のように整理されます。なお，EU域内企業・EU域外企業ともに，グループ１の対象企業には，これらに加えて地球温暖化への対策（企業の事業戦略をパリ協定の1.5℃目標と整合させることが必要）も義務として課せられます。

EU指令案が規定するデュー・ディリジェンスのポイントは以下のとおりです。

i）デュー・ディリジェンス方針を規定した第５条

デュー・ディリジェンスを自社の企業方針に統合し，更新することを要求しています。デュー・ディリジェンス方針には，「デュー・ディリジェンスの実

図表2-20 対象企業に求められるデュー・ディリジェンス

No.	条文	義務の内容	
ⅰ)	第5条	デュー・ディリジェンス方針	デュー・ディリジェンスを自社の企業方針に統合する。
ⅱ)	第6条	負の影響の特定	自社，子会社及びバリューチェーン上の取引先の事業活動から生ずる実際の，または潜在的な人権・環境への負の影響を特定する。
ⅲ)	第7条 第8条	防止措置及び 停止措置	潜在的な負の影響を防止または緩和するための適切な措置を講ずる。 実際の負の影響が特定された場合，それを停止させるための適切な措置を講ずる。
ⅳ)	第9条	苦情処理 メカニズム	実際の，または潜在的な負の影響が懸念される場合は，被害者，当該事業活動に関連する労働組合その他の労働者代表及び市民団体からの苦情を受け付ける体制を確立し，維持する。
ⅴ)	第10条	モニタリング	デュー・ディリジェンス方針及び上記措置の有効性をモニタリングする。
ⅵ)	第11条	開示	デュー・ディリジェンスについて公表（毎年4月30日までに，前年度を対象としてウェブサイトに掲載）

（出典：European Commission「Proposal for a Directive of the European Parliament and of the Council on Corporate Sustainability Due Diligence and amending Directive（EU）2019/1937をもとにKPMGにて作成）

施にあたっての長期的なアプローチ」，「従業員及び子会社が従うべきルールや原則を定めた行動規範」及び「デュー・ディリジェンス実践のための具体的なプロセス」を含めることが求められます。デュー・ディリジェンス方針は，企業の人権マネジメントの拠り所となる，いわゆる企業の人権方針とは異なる文書を指すと推察されます。

ⅱ）負の影響の特定を規定した第6条

自社，子会社及びバリューチェーン上で取引先（直接的・間接的を問わず継続的な取引関係がある取引先を含む）の事業活動から生ずる実際の，または潜在的な人権・環境への負の影響を特定し，評価することを要求しています。負の影響の特定は一度実施すれば終わるわけではなく，企業は経営環境，事業戦略の転換，新たなビジネス活動等の状況の変化に応じて，継続的に実施する必要があります（少なくとも12ヵ月に一度は実施が求められます）。なお，EU域内企業・EU域外企業ともに，グループ２に分類される企業は，高インパクトセクターに関連する負の影響の特定のみが義務として課されます。

ⅲ）防止措置を規定した第７条

潜在的な負の影響が特定された場合に，負の影響を防止または緩和するための適切な措置を講じることを要求しています。この措置には，必要な場合には，そのスケジュール及び改善を評価するための定性的・定量的な指標を用いた予防行動計画の策定が求められます。さらに，予防行動計画の策定にあたっては，負の影響を受けるステークホルダーと協議することが必要です。

また，継続的な直接取引関係がある取引先に対して，行動規範及び予防行動計画の遵守を確保するための契約上の保証を求めることも必要です。取引先の遵守状況は業界イニシアチブまたは独立した第三者による検証によって確認します。特に取引先が中小企業[72]である場合，「契約上の条件は公正，合理的かつ非差別的でなければならない」，「遵守への対応が中小企業の存続を危うくする場合は適切な支援を提供しなければならない」，「企業は独立した第三者による検証費用を負担しなければならない」といった制約があるため，バリューチェーン上の取引先に対する対応は大きな負担となる可能性があることに留意が必要です。

取引先において行動規範または予防行動計画が遵守されていない等，潜在的な負の影響を防止または緩和できない場合，当該取引先との新規の契約または既存の契約の延長や拡大を控えることが求められており，法的に可能であるならば取引の一時停止や契約終了等の措置を検討する必要があります。

停止措置を規定した第８条では，実際の負の影響が特定された場合に，負の影響を停止するための適切な措置を講じることを要求しています。この措置には，防止措置と同じ要求がなされており，予防行動計画を是正行動計画に読み替えて実施する必要があります。さらに，実際の負の影響を受けた被害者や地域社会への金銭的補償が求められます。

ⅳ）苦情処理を規定した第９条

自社，子会社及びバリューチェーン上の取引先の事業活動から生じる実際の，または潜在的な人権・環境への負の影響が懸念される場合，影響を受ける被害者または影響を受ける懸念がある者，当該事業活動に関連する労働組合やその他の労働者代表，当該事業活動に関連する分野で活動する市民社会組織からの苦情を受け付ける体制を確立し，その体制を維持することを要求しています。また，受け付けた苦情は，上記の関連する労働組合及び労働者に通知することが義務付けられています。

v）モニタリングを規定した第10条

デュー・ディリジェンス方針及び上記措置の有効性をモニタリングすることを要求しています。モニタリングの頻度は，少なくとも12ヵ月に一度実施することが求められており，負の影響の発生について新たに重大なリスクが生じた場合は随時実施する必要があります。評価は，適切な場合には定性的・定量的指標に基づくものとし，評価結果に従ってデュー・ディリジェンス方針を更新する必要があります。

vi）開示を規定した第11条

前年度を対象とした情報として，デュー・ディリジェンスの説明，潜在的及び実際の負の影響，それらに対する防止措置及び是正措置に関する情報を毎年4月30日までに，ウェブサイトにて開示することを要求しています。より詳細な開示項目については，欧州委員会が報告の内容及び基準に関する委任法令を別途採択するものとしており，今後の審議が進むことで明らかになると考えられます。

これらｉ）からvi）の項目は，本章3(3)のなかで解説したOECDの「責任ある企業行動のためのOECDデュー・ディリジェンス・ガイダンス」のなかで示されている構成要素と整合する内容となっています[73]。

4 日本の動向

これまでに概説したとおり，2011年の国連における国連指導原則の採択を契機として，ビジネスと人権に対する取組みはヨーロッパを中心に法制化を含めて大きく発展しています。

日本ではいまだ法制化には至っていないものの，「ビジネスと人権」に関する行動計画の策定を経て，コーポレートガバナンス・コードにおける人権尊重についての言及や経済産業省が公表した「責任あるサプライチェーン等における人権尊重のためのガイドライン」を皮切りに，上場企業を主な対象として人権マネジメントの強化を求める動きが加速しています。

(1)「ビジネスと人権」に関する行動計画

①　NAPの策定背景及び策定状況

2011年に国連指導原則が採択され，「ビジネスと人権」分野における国家の義務が明確化されたことを背景とし，国連のワーキング・グループ[74]が中心となって国家として国連指導原則の履行を確保する手段についての議論が始められました。

この議論を受けて，2013年には国連指導原則を促進する国家責任を明確にするために，国連として国家計画（national plan of action）の策定を推奨する方向性[75]が打ち出されました。このような動きに呼応すべく，イギリスを皮切りに，ヨーロッパやアメリカ，南アメリカ，アフリカ，アジア等の各国では，「国連指導原則を実行する行動計画（National Action Plan）」（以下，NAP）の策定が進んでいます。

前述のワーキング・グループが公表するレポートに基づくと，NAPとは「企業によって引き起こされる人権への負の影響を保護するために国家により策定される戦略」と定義されており，この戦略は，「国連指導原則と適合する」ことが前提とされています[76]。

2023年１月時点では，図表２-21で示すとおり，グローバルで30ヵ国が策定済み，27ヵ国が策定中とされています。

日本に関しては，2016年にジュネーブで開催されたビジネスと人権フォーラムにおいて，政府よりNAPを策定する方針である旨が発表され[77]，その後，外務省の主導によってNAP策定に向けた準備が進められました。そして，経団連，連合，弁護士連合会，市民団体等に代表されるステークホルダーとの調整を経て[78]，2020年10月に日本版NAPである「『ビジネスと人権』に関する行動計画(2020-2025)」が公表されました。

図表2-21　各国のNAP策定状況（2023年1月時点）

NAPを策定している国	
2013年	イギリス，オランダ
2014年	デンマーク，フィンランド
2015年	リトアニア，スウェーデン，ノルウェー，コロンビア
2016年	スイス，イタリア，アメリカ，ドイツ
2017年	フランス，ポーランド，スペイン，ベルギー，チリ，チェコ，アイルランド
2018年	ルクセンブルク，スロバニア
2019年	ケニア，タイ
2020年	日本
2021年	ウガンダ，パキスタン

2023年1月時点では，30ヵ国(※)が策定済み，27ヵ国が策定中

(※) 人権に関する国内行動計画に「ビジネスと人権」の章を設けている中国，ジョージア，韓国，メキシコを含む。

(出典：OHCHR HP「National action plans on business and human rights」をもとにKPMGにて作成)

② 日本版NAPの概要と特徴

日本版NAPは，国連指導原則が「人権を保護する国家の義務」，「人権を尊重する企業の責任」，「救済へのアクセス」という3つの柱から構成されていることを踏まえて，図表2-22のとおり，関連する取組みをそれぞれの柱に紐付けて整理しています。

また，3つの柱にまたがる横断的な取組みは「横断的事項」として，3つの柱に直接的に紐付かない取組みは「その他の取組み」として整理しています。

企業に関連するポイントは「人権を尊重する企業の責任を促すための政府による取組み」です。これには，「国内外のサプライチェーンにおける取組み及び『指導原則』に基づく人権デュー・ディリジェンスの促進」及び「中小企業における『ビジネスと人権』への取組みに対する支援」という2点が含まれており，両計画の実効性を担保する具体的措置とともに推進を担う担当省庁が割り振られています。例えば，前者の計画を推進する具体的措置としては，「業界団体等を通じた，企業に対する行動計画の周知，人権デュー・ディリジェン

図表2-22 日本版NAPの概要

横断的事項			
労働（ディーセントワークの推進等）　子どもの権利の保護・促進　新しい技術の発展に伴う人権　消費者の権利・役割　法の下の平等　外国人材の受入れ・共生			
人権を保護する国家の義務に関する取組み	**人権を尊重する企業の責任を促すための政府による取組み**	**救済へのアクセスに関する取組み**	**その他の取組み**
☑公共調達 ☑開発協力・開発金融 ☑国際場裡における「ビジネスと人権」の推進・拡大 ☑人権教育・啓発	☑国内外のサプライチェーンにおける取組み及び「指導原則」に基づく人権デュー・ディリジェンスの促進 • 行動計画の周知 • 人権デュー・ディリジェンスに関する啓発 • 多国籍企業行動指針等の周知 • 海外進出日本企業への行動計画の周知 など ☑中小企業における「ビジネスと人権」への取組みに対する支援 • 中小企業への情報提供 • セミナーの実施 など	☑司法的救済及び非司法的救済	☑途上国における法制度整備 ☑質の高いインフラ投資の推進

(出典：「ビジネスと人権」に関する行動計画（2020-2025）をもとにKPMGにて作成)

スに関する啓発」[79]，「『OECD多国籍企業行動指針』の周知の継続」，「在外公館や政府関係機関の現地事務所等における海外進出日本企業に対する，行動計画の周知や人権デュー・ディリジェンスに関する啓発」等が定められています。

2020年に公表された日本版NAPは，2020年度から2025年度までの５年間を対象とした計画です。関係府省庁連絡会議において行動計画の実施状況を毎年確認するとともに，計画公表の３年後を目途に中間レビュー，５年後には改訂が行われる予定です。

⑵　コーポレートガバナンス・コードにおける人権尊重への言及

企業の持続的成長と中長期的な企業価値の向上を目的として，2021年６月にコーポレートガバナンス・コードが改訂されました。コーポレートガバナンス・コードは，上場企業が企業統治（コーポレートガバナンス）にあたってガイドラインとして参照すべき原則・指針を示したものです。各上場企業には，コーポレートガバナンス・コードの各原則を実施するか，もしくは実施しない場合にはその理由を説明すること（Comply or Explain，コンプライ・オア・エクスプレインの原則）が要求されており[80]，実施しない理由をコーポレートガバナンス報告書で説明しない等，「コンプライ・オア・エクスプレインの原則」に違反した場合には証券取引所による公表措置の対象となります[81]。

図表２-23　コーポレートガバナンス・コードにおける人権への言及

【原則２－３．社会・環境問題をはじめとするサステナビリティをめぐる課題】

補充原則２－３①

取締役会は，気候変動などの地球環境問題への配慮，**人権の尊重**，従業員の健康・労働環境への配慮や公正・適切な処遇，取引先との公正・適正な取引，自然災害等への危機管理など，サステナビリティをめぐる課題への対応は，リスクの減少のみならず収益機会にもつながる重要な経営課題であると認識し，中長期的な企業価値向上の観点から，これらの課題に積極的・能動的に取り組むよう検討を深めるべきである。

（出典：東京証券取引所　コーポレートガバナンス・コードをもとにKPMGにて作成）

人権との関連で注目すべき原則としては，原則２－３ 補充原則２－３①が挙げられます。図表２-23のとおり，リスクの減少及び収益機会の観点から，取締役会として積極的かつ能動的な取組みが求められるサステナビリティ課題の１つとして，「人権の尊重」が明確に盛り込まれています。

補充原則２－３①の主語は取締役会となっていることの意味も十分に踏まえる必要があります。取締役会は株主から委任を受けた最高意思決定機関として，企業価値向上に向けた企業のさまざまな取組みについて監督責任を負っています。今回の改訂によって人権の尊重は取締役会が監督すべき課題の１つとして定められた以上，取締役会は自社の人権尊重の取組みが十分かつ実効的であるかを定期的に監督する必要があります。人権尊重の取組みの十分性やその実効性は，すなわち，国連指導原則に則り，人権方針の策定と公表，人権デュー・ディリジェンスの実施，グリーバンス・メカニズムの整備が十分に機能しているのかを担保することにほかなりません。

一方で，日本においてはコーポレートガバナンス・コードが改訂された段階では人権マネジメントの推進方法についてNAP以外に企業のガイドラインとなるものが存在しておらず，一部の先進企業を除いて「手探り」の状態が長く続いていました。一方で，一部企業においてサプライチェーン上の人権侵害への加担がニュースで報じられるといった状況も相まって，人権マネジメントの取組みを速やかに推進する必要性が産業界でも強く認識されるに至り，2021年～2022年の短期間に日本経済団体連合会のハンドブックや経済産業省のガイドラインが公表されるに至りました。

(3) 経団連「人権を尊重する経営のためのハンドブック」

日本企業に対する人権尊重の社会的要請の高まりを背景として，日本経済団体連合会（経団連）は，2017年11月に企業行動憲章及び実行の手引きを改訂し，人権に関する独立した条文を新設[82]しました。一方で，2020年に改訂版の企業行動憲章に基づく会員企業の状況を確認するために経団連が実施したアンケート調査[83]によると，人権リスクの影響評価や人権リスクの予防・対処に向けた取組みを実施している企業は，全体（回答社数289社）のうち約３割程度[84]に留まっていることが判明するなど，依然として「ビジネスと人権」に対する日本企業の取組みは不十分であることが明らかになりました。

このような実態を踏まえて，経団連は，2021年12月に，企業行動憲章実行の手引き「第４章 人権の尊重」を改訂[85]するとともに，日本企業の「ビジネスと人権」に関する取組みを推進するための実務的ガイドラインとして「人権を尊重する経営のためのハンドブック」[86]を公表しました。本ハンドブックは，人権リスクを管轄する担当役員や実務担当者を念頭に策定されており，経団連会員企業の人権尊重に関する取組み事例や業種別の人権リスク事例といった実践的かつ具体的な内容が記載されていることが特徴です。

⑷ 責任あるサプライチェーン等における人権尊重のためのガイドライン

① ガイドラインの策定背景

2021年５月，自由民主党の人権外交のあり方を検討するプロジェクトチーム[87]は，企業の人権デュー・ディリジェンスを支援するための強化策として，「人権デュー・ディリジェンスのガイドライン策定」を検討すべきとの提言を公表しました。

また，2021年11月には，「『ビジネスと人権』に関する行動計画（2020-2025）」のフォローアップの一環として，経済産業省と外務省が共同で「日本企業のサプライチェーンにおける人権に関する取組状況のアンケート調査」[88]を実施しています。アンケート調査の結果，回答企業の約半数が人権デュー・ディリジェンスを実施しておらず，また，「実施方法が分からない」ことがその要因の１つ[89]であることが明らかになりました。加えてアンケート調査では，日本政府によるガイドラインの策定等への強い要望が示されました。

この流れを受けて，2022年３月に経済産業省主導で「サプライチェーンにおける人権尊重のためのガイドライン検討会」が設置され，業界団体，投資家，市民社会，弁護士，アカデミア等から構成されるメンバーによって，ガイドライン策定に向けた議論が開始されました。そして，同年８月にはガイドライン（案）に対する意見募集（パブリックコンサルテーション）が行われ，131の団体・事業者・個人から意見が寄せられました。これらの工程を経て「責任あるサプライチェーン等における人権尊重のためのガイドライン」（以下，人権ガイドライン）が2022年９月に策定されました[90]。

② ガイドラインの概要と特徴

人権ガイドラインは，国連のビジネスと人権に関する指導原則，OECD多国籍企業行動指針，ILO多国籍企業宣言をはじめとする国際的規範を踏まえて策定されており，全５章から構成されています。

第１章では，ガイドライン策定に至った経緯や人権尊重の意義，ガイドラインの適用範囲等といった基礎情報が説明され，それら基礎情報を踏まえたうえで，第２章では企業による人権尊重の取組みの全体像（総論）が示されています。そして，国連指導原則の３本の柱に沿う形で，第３章から第５章では，それぞれ人権方針，人権デュー・ディリジェンス，救済という各論が説明されています。ここでは，特に重要なポイントとして本ガイドラインの特徴を３点取り上げます。

ⅰ）企業の人権尊重の取組み対象範囲の明確化

人権ガイドラインは，国連指導原則やOECDガイダンス等の国際的規範を踏まえながら，企業の実務目線を意識しつつ，企業の人権尊重の取組みの対象範囲が具体的に説明されていることが特徴です。例えば，①規模や業種等にかかわらず，「個人事業主を含む日本で事業活動を行うすべての企業」は，人権尊重の取組みを最大限推進する責任を負っていること，②「サプライチェーン上の企業」には，直接の取引先以外の企業も含まれること，③同じく「サプライチェーン上の企業」には，原材料や資材等の調達先のみならず，製品・サービスの販売・消費・廃棄等に関係する他企業も含まれること，④企業の投融資先，合弁企業の共同出資者，設備の保守点検や警備サービスを提供する事業者等に代表される「その他のビジネス上の関係先」も企業の人権尊重の取組みの対象範囲に含まれることなどが明記されています。

ⅱ）経営陣のコミットメントの重要性の明確化

人権ガイドラインの第２章では，「人権尊重の取組みにあたっての考え方」が５点示されていますが，そのなかでも特に強調されているのが，人権尊重における経営陣のコミットメントです。

人権の尊重は，採用，調達，製造，販売等を含む企業活動全般において実施されるべきであるため，企業が人権尊重の責任を果たすためには，全社的な関与が必要なこと，そして，企業トップが，人権尊重の取組みの実施に対してコミット（約束）するとともに，積極的かつ主体的に継続して取り組むことが極めて重要であると明記されています。

ⅲ）紛争等の影響を受ける地域における考慮及び紛争等の影響を受ける地域からの「責任ある撤退」

国連指導原則では，紛争等の影響を受ける地域において企業の人権尊重を支援する国家の義務[91]は規定されている一方で，そのような地域における企業の責任については言及がありません。本ガイドラインでは，ロシアによるウクライナ侵攻等に代表される紛争の勃発といったグローバル課題に直面する企業が，人権の観点から考慮すべき事項について言及しています。

具体的にいうと，武力紛争が生じている地域や犯罪者集団による広範な暴力または深刻な危害が人々に及ぼされている地域等から企業が事業を撤退する際には，特別な配慮が必要であるため，「強化された人権デュー・ディリジェンス」[92]の実施が推奨されています。そのうえで，企業がそのような地域から撤退せざるを得なくなるケースにおいては，撤退によって影響を受けるステークホルダーに生じる可能性のある人権への負の影響[93]について考慮し，通常の場合以上に，慎重な責任ある判断が必要になると説明されています。

本章では，年表を追う形でグローバル及び日本における「ビジネスと人権」をめぐる動向を，法令やガイドラインの観点から俯瞰しました。特に，国連指導原則が採択された2011年以降，先進国を中心にビジネスと人権に関して，さまざまな取組みが進んできたことがわかります。

個々の法令やガイドラインは一見複雑に見えますが，その根底にあるのは国連指導原則が企業に求める３要件です。

第３章では，国連指導原則やOECDガイダンス等の国際的規範を踏まえながら，企業実務において人権マネジメントを具体的に推進する方法について解説します。

●注

1　外務省「世界人権宣言」を参照（2022年11月27日最終閲覧）。https://www.mofa.go.jp/mofaj/gaiko/udhr/index.html

2　外務省「国際人権規約」を参照（2022年11月27日最終閲覧）。https://www.mofa.go.jp/mofaj/gaiko/kiyaku/index.html

3　外務省「市民的及び政治的権利に関する国際規約（Ｂ規約）」を参照（2022年11月27日最終閲覧）。https://www.mofa.go.jp/mofaj/gaiko/kiyaku/2c_001.html

4　外務省「経済的，社会的及び文化的権利に関する国際規約（Ａ規約）」を参照（2022年11月27日最終閲覧）。

5　「ビジネスと人権に関する行動計画に係る関係府省庁連絡会議，ビジネスと人権に関する行動計画（2020-2025）」（p.10）を参照。https://www.mofa.go.jp/mofaj/files/100104121.pdf

6　その他３つの文書は，「内国民待遇（外国企業に対して加盟国が自国企業に対する措置と同等の待遇を与えるべきという決定）」，「企業に関する相反する要求（多国籍企業が，行動指針加盟国による相反する要求の対象となる場合には，関係政府は生じ得る問題の解決に向け誠実に協力すること)」,「国際投資促進及び抑制策(本宣言を遵守する国が直接外国投資政策において国際協力を強化するための施策)」です。

7 OECD多国籍企業行動指針(2011年改訂版)日本連絡窓口(NCP)の手続手引を参照。
https://www.mofa.go.jp/mofaj/files/100004429.pdf

8 UNGC及びグローバル・コンパクト・ネットワーク・ジャパンによると,2022年11月24日時点で,署名した企業・団体数は,世界で約20,000強であり,そのうち日本では約500強となっています。
UNGC:https://www.unglobalcompact.org/what-is-gc/participants(2022年12月4日最終閲覧)
グローバル・コンパクト・ネットワーク・ジャパン:https://www.ungcjn.org/gcnj/state.html(2022年12月4日最終閲覧)

9 環境と開発に関するリオ宣言とは,1992年6月にリオ・デ・ジャネイロで開催された環境と開発に関する国連会議で採択された宣言であり,地球的規模の環境保全及び持続可能な開発に関する27原則で構成されています。https://www.env.go.jp/council/21kankyo-k/y210-02/ref_05_1.pdf

10 腐敗防止に関する国連条約とは,2003年10月に国連総会にて採択された条約(2005年12月条約発効)であり,腐敗行為を効果的に防止し,国際協力を推進することを目的としています。腐敗行為の防止措置,腐敗行為の犯罪化,国際協力,財産の回復等に関する内容が規定されています。
https://www.mofa.go.jp/mofaj/gaiko/treaty/pdfs/shomei_6a.pdf
https://www.mofa.go.jp/mofaj/files/000134346.pdf

11 PRI「Signatory Updated October to December 2022」
https://www.unpri.org/signatories/signatory-resources/quarterly-signatory-update

12 人権に関する報告は,報告モジュールのうち「Policy, Governance and Strategy(PGS)」に組み込まれています。人権に関する報告要件の詳細は,以下の資料から確認することが可能です。https://dwtyzx6upklss.cloudfront.net/Uploads/j/i/o/02_pgs_january_2023_888138.pdf

13 OHCHR Guiding Principles on Business and Human Rights, A/HRC/a7/31. なお,本書執筆にあたっては国際連合広報センターが公表する和訳を参考にしています。https://www.unic.or.jp/texts_audiovisual/resolutions_reports/hr_council/ga_regular_session/3404/

14 United Nations Digital Library「Protect, Respect and Remedy: a Framework for Business and Human Rights, A/HRC/8/5」. https://digitallibrary.un.org/record/625292/files/A_HRC_8_5-EN.pdf

15 国連指導原則報告フレームワークについては,2017年に日本語翻訳版が公表されています。本書の執筆にあたっては,以下からアクセス可能な日本語翻訳版を参照しています。
https://www.ungpreporting.org/wp-content/uploads/2017/06/UNGPReportingFramework-Japanese-June2017.pdf

16 Human Rights Reporting and Assurance Frameworks Initiative(通称,RAFI)は,国連指導原則の策定の立役者である故ジョン・ラギー氏が牽引していた人権団体。国連指導原則の研究機関でもあるShiftと国際会計事務所のMazarsが共同で組織し,世界中の200を超える企業,投資家グループ,市民団体,政府,保証業務提供者,法律家,その他の専門家組織等の代表者が参加する団体。

17 2015年6月のG7エルマウ・サミットで採択された首脳宣言では,国連指導原則に沿って，民間部門が人権に関するデュー・ディリジェンスを履行することを奨励し，また，安全で持続可能なサプライチェーンを促進するため，デュー・ディリジェンス及び責任あるサプライチェーン管理について中小企業が共通理解を形成することを助けるための支援を強化することが謳われています（出典：外務省「2015 G７エルマウ・サミット 首脳宣言（仮訳）」)。https://www.mofa.go.jp/mofaj/files/000084024.pdf（2022年12月４日最終閲覧）

18　2017年７月のG20ハンブルク・サミットで採択された首脳宣言では，持続可能なグローバル・サプライチェーン構築のために，企業がデュー・ディリジェンスを実施する責任が強調されています（出典：外務省「G20ハンブルク・サミット首脳宣言（仮訳）」。https://www.mofa.go.jp/mofaj/files/000271331.pdf（2022年12月４日最終閲覧）

19　OECDガイダンスでは，日本語翻訳版が公表されています。本書では，翻訳版を参考としています。

OECD「責任ある企業行動のためのOECDデュー・ディリジェンス・ガイダンス」https://mneguidelines.oecd.org/OECD-Due-Diligence-Guidance-for-RBC-Japanese.pdf（2022年12月４日最終閲覧）

20　多国籍企業行動指針では，「情報開示」，「人権」，「雇用及び労使関係」，「環境」，「贈賄，贈賄要求及び金品の強要の防止」，「消費者利益」，「科学技術」，「競争」，「納税」という課題に対して，原則と基準を定めています。これらの課題のうち，OECDガイダンスでは，「人権（雇用及び労使関係を含む）」，「環境」，「贈賄及び汚職」，「情報開示」，「消費者利益」をRBC（Responsible Business Conduct：責任ある企業行動）課題と呼称し，デュー・ディリジェンスの対象範囲と定めています。

21　個別のセクター別ガイダンスは，以下のURLからダウンロードが可能です。http://mneguidelines.oecd.org/sectors/（2022年12月４日最終閲覧）

22　International Labour Organization（ILO），Walk Free, and International Organization for Migration（IOM）（2022），“Global Estimates of Modern Slavery: Forced Labour and Forced Marriage”．https://www.ilo.org/global/topics/forced-labour/publications/WCMS_854733/lang--en/index.htm

23　これは，世界全体で約150人に１人が現代奴隷の状況に晒されている計算です。

24　International Labour Organization（ILO），Walk Free, and International Organization for Migration（IOM）（2022），“Global Estimates of Modern Slavery: Forced Labour and Forced Marriage”（p.25, Figure 5）．https://www.ilo.org/global/topics/forced-labour/publications/WCMS_854733/lang--en/index.htm,

25　英国現代奴隷法のもとになったのは，①強制労働の禁止を定めている2009年の検視官及び司法法（Coroners and Justice Act 2009 c.71）第70条，②性的搾取を目的とした人身取引を禁止する2003年の性犯罪法（Sexual Offences Act 2003 c.42）第59A条，③その他の搾取を目的とした人身取引を禁止する2004年の庇護及び移住（申請者の処遇等）法（Asylum and Immigration（Treatment of Claimants, etc）Act 2004 c.19）という３種類の法律です。

岡久慶「【イギリス】2015年現代の奴隷制法」国立国会図書館（2015)。https://dl.ndl.go.jp/info:ndljp/pid/9480558

26　英国現代奴隷法の日本語訳としては，日本貿易振興機構（ジェトロ）海外調査部ロンドン事務所「英国2015現代奴隷法（参考和訳，改定版）」（2021年12月）を参考としています。https://www.jetro.go.jp/ext_images/_Reports/01/aa1e8728dcd42836/20210026.pdf

その他，岡久慶「【イギリス】2015年現代の奴隷制法」国立国会図書館（2015）（https://dl.ndl.go.jp/info:ndljp/pid/9480558）及び鈴木絢子「責任あるサプライチェーンと人権デュー・ディリジェンス」国立国会図書館（2021）（https://dl.ndl.go.jp/pid/11821751/1/1）も参照しています。

27　The Centre for Social Justice, "IT HAPPENS HERE: Equipping the United Kingdom to fight modern slavery（March 2013）"や，Walk Free Foundation, "The Global Slavery Index 2013（October 2013）" 等の調査によって，英国における現代奴隷制の現状や奴隷状態に関する世界各国のデータが公開され，特に企業のサプライチェーンにおける現代奴隷制と強制労働の深刻な実態が明らかとなりました。また，このようなNGOの調査を受けて，合同委員会（House of Lords House of Commons Joint Committee）は，サプライチェーン上の現代奴隷問題への対応を企業に求める規定等を同法案に追加する方向性を示した報告書を公表しています。House of Lords House of Commons Joint Committee on the Draft Modern Slavery Bill, "Draft Modern Slavery Bill（April 2014）". https://publications.parliament.uk/pa/jt201314/jtselect/jtslavery/166/16602.htm

28　英国現代奴隷法第１条・第２条

29　イギリス政府は，英国現代奴隷法第54条を補足する位置付けとして2015年10月に「Transparency in Supply Chains etc. A Practical Guide（以下，イギリス政府公式ガイド）」を公表しています。本ガイドでは，同条項の適用条件やステートメントの作成・承認・発行方法，サプライチェーン上に現代奴隷制の事例が確認された場合の対処法，現代奴隷制の定義等を説明しています。Government UK, "Transparency in supply chains: a practical guide". https://www.gov.uk/government/publications/transparency-in-supply-chains-a-practical-guide

30　対象となる企業がウェブサイトを保有している場合，自社のウェブサイトにステートメントを掲載し，ホームページ上の目立つ場所に，ステートメントのリンクを掲載することが義務付けられています（英国現代奴隷法第54条第７項）。また，イギリス政府公式ガイドによると，ステートメントの掲載にあたっては，次の３点が推奨されています（同ガイド第７章）。

① ステートメントのリンクであることが明確になるよう，「Modern Slavery Act Transparency Statement（例）」等のタイトルでリンクを掲載すること。

② 複数のWebサイトを持つ企業の場合は，イギリスでの事業に最も関連しているWebサイトにステートメントを掲載すること。

③ 関連するWebサイトが複数ある場合は，それらすべてのWebサイトに，ステートメントのコピーかステートメントのリンクを掲載すること。

31　英国現代奴隷法第54条第１項・第２項

32　イギリス政府公式ガイド第３章

33　英国現代奴隷法第54条第11項，及びイギリス政府公式ガイド第２章

34　英国現代奴隷法第54条第２項・第12項，及びイギリス政府公式ガイド第３章・附属書Ｃ

35　英国現代奴隷法第54条第５項

36　イギリス政府公式ガイド第５章・附属書Ｅ

37　Transparency in supply chains consultation - Government response. https://www.gov.uk/government/consultations/transparency-in-supply-chains

38　パブリックコンサルテーション回答者の約半数から，現行の推奨報告事項に加えて，「是正」，「将来計画」，「現代奴隷制の事例の開示」，「内部告発の仕組み」，「外部パートナーとの連携」等の報告事項を盛り込むべきとの提案がなされ，イギリス政府は追加を検討する姿勢を示しています。

39　政府が運営するオンライン・レジストリ（Modern slavery statement registry）は，

2021年３月にすべてオープンしており，本書執筆時点では，2022年のステートメントとして，7,822件が登録されています。https://modern-slavery-statement-registry.service.gov.uk/search

40　2021年１月，外務大臣より，官民問わず英国組織が新疆ウイグル自治区（中国）での人権侵害に加担しないようにするため，英国現代奴隷法に基づくステートメントの開示義務を果たさなかった組織に対する罰金の導入等の措置を講じる旨が発表され，その後，改正草案が提出されています。また，罰則の主な中身としては，①ステートメントの責任者は，ステートメントの情報の重要な点が虚偽または不完全であり，そのことを認識していた等の場合，有罪となり，２年以下の懲役もしくは連結売上高の４％（最高2,000万ポンド，約34億円）の罰金，またはその両方が科せられる，及び②商業組織は，独立反奴隷制委員の警告を受けた後も，最低限の透明性を示さないサプライヤーから調達を継続した場合，有罪となり，連結売上高の４％（最高2,000万ポンド，約34億円）の罰金が科せられると提案されています。Modern Slavery（Amendment）Bill, 54ZA, 54ZB.　https://bills.parliament.uk/bills/2892　https://www.gov.uk/government/news/uk-government-announces-business-measures-over-xinjiang-human-rights-abuses

41　LOI n°　2017-399 du 27 mars 2017 relative au devoir de vigilance des sociétés mères et des entreprises donneuses d'ordreにより，フランス商法典（Code de commerce）にL225-102-4条及びL225-102-5条が挿入されています。なお，本書執筆にあたってはJETROが2021年７月に公表している和訳を参考にしています。https://www.jetro.go.jp/ext_images/_Reports/01/9cb61dd611a50c96/20210028.pdf

42　バングラデシュの首都ダッカ近郊にあった商業ビル「ラナプラザ」が崩落し，1,000人を超える人命が失われた事件。当ビルでは違法な増築が繰り返され，建物にひびが入り危険性が指摘されていたにもかかわらず，経営者は労働者の安全性を考慮せず操業を継続していました。当ビルには先進国の有名なアパレルブランドの商品を受託製造する縫製工場等が多く入居しており，グローバルで大々的に報道されました。

43　フランスの政府機関である経済評議会（Conseil général de l'économie, de l'industrie, de l'énergie et des technologies）により公表された企業注意義務法の評価報告書によると，同法の対象となる企業形態は，Société Anonyme（SA，株式会社），Société en Commandité par Actions（SCA，株式合資会社），Société par Actions Simplifiée（SAS，単純型株式会社）であり，Société Anonyme à Responsabilité Limitée（SARL，有限会社）及びSociété en Nom Collectif（SNC，合名会社）は対象外になるとされています。

「Evaluation de la mise en œuvre de la loi n°　2017-399 du 27 mars 2017 relative au devoir de vigilance des sociétés mères et des entreprises donneuses d' ordre」https://www.economie.gouv.fr/files/files/directions_services/cge/devoirs-vigilances-entreprises.pdf?v=1620744564（2022年12月６日最終閲覧）

44　上記経済評議会の評価報告書によれば，本社がフランス領外にある企業の場合，対象となるのは本法令の要件を満たすフランス領内の子会社に限定されるとされています。

45　ヨーロッパのサステナビリティ推進団体であるEuropean Coalition for Corporate Justice（ECCJ）が，企業注意義務法についてまとめたFAQによると，「確立された商業上の関係（established business relationship）」とは，契約の有無にかかわらず，一定量のビジネスを伴う安定した定期的な関係で，そのような関係が続くという合理的な期待を生み出すもの，と説明されています。ECCJ, “French Corporate Duty of vigilance Law - Frequently Asked Questions”.　https://corporatejustice.org/publications/faqs-french-duty-of-vigilance-law/（2022年12月６日最終閲覧）

46　上記ECCJのFAQに基づくと，国連指導原則で示されているすべての人権，つまり国際人権章典及びILO宣言にて規定されている人権が同法によってカバーされていると整理されます。

47　より具体的にいうと，本法令で規定された義務を果たすことを命じられた会社が，命令日から数えて３ヵ月以内にその義務を果たさない場合が該当すると規定されています。

48　豪州現代奴隷法の日本語訳としては，日本貿易振興機構（ジェトロ）海外調査部「豪州2018現代奴隷法（参考和訳）」（2021年８月）を参考としています。https://www.jetro.go.jp/ext_images/_Reports/01/fdca4b3c98012046/20210030.pdf
その他，原田久義「【オーストラリア】2018年現代奴隷法」国立国会図書館（2019）（https://dl.ndl.go.jp/pid/11239714/1/1），及び鈴木絢子「責任あるサプライチェーンと人権デュー・ディリジェンス」国立国会図書館（2021）（https://dl.ndl.go.jp/pid/11821751/1/1）も参考としています。

49　豪州議会Joint Standing Committee on Foreign Affairs, Defence and Trade（外務・国防・貿易に関する合同常任委員会），"Hidden in Plain Sight: An inquiry into establishing a Modern Slavery Act in Australia（December 2017）". https://www.aph.gov.au/Parliamentary_Business/Committees/Joint/Foreign_Affairs_Defence_and_Trade/ModernSlavery/Final_report（2022年12月27日最終閲覧）

50　豪州現代奴隷法第４条，及びオーストラリア連邦政府の公式ガイド第１章・附属書１を参照。オーストラリア連邦政府は，豪州現代奴隷法を補足する位置付けとして2019年９月に「Commonwealth Modern Slavery Act 2018: Guidance for Reporting Entities」（以下，オーストラリア連邦政府公式ガイド）を公表しています。本ガイドでは，企業が同法を遵守するために何を行うべきかを詳細に解説しています。https://www.homeaffairs.gov.au/criminal-justice/files/modern-slavery-reporting-entities.pdf

51　豪州現代奴隷法第６条，及びオーストラリア連邦政府公式ガイド第３章

52　豪州現代奴隷法第16A条

53　豪州現代奴隷法第５条

54　豪州現代奴隷法第13条・第14条・第16条

55　オーストラリア連邦政府公式ガイド第５章

56　"Review of Australia's Modern Slavery Act 2018, Issues Paper". https://consultations.ag.gov.au/crime/modern-slavery-act-review/user_uploads/review-modern-slavery-act-issues-paper.pdf

57　"Review of Australia's Modern Slavery Act 2018". https://consultations.ag.gov.au/crime/modern-slavery-act-review/

58　Entwurf eines Gesetzes über die unternehmerischen Sorgfaltspflichten in Lieferketten. なお，本書執筆にあたってはJETROが2022年５月に公表している和訳を参考にしています。https://www.jetro.go.jp/ext_images/_Reports/01/17af75c69077073f/20220009.pdf

59　自社事業領域とは，ドイツデュー・ディリジェンス法第２条(6)のなかで，「事業目的を達成するための企業のあらゆる活動を対象とする。これには，ドイツ国内・国外のいずれの場所で行われるかを問わず，製品の生産や流通及びサービスの提供のためのあらゆる活動が含まれる。結合企業については，親会社がグループ企業に決定的な影響を与えている場合，親会社の事業領域にはグループ企業が含まれる。」と定義されています。

60　直接供給者とは，ドイツデュー・ディリジェンス法第２条(7)のなかで，「物品の供給またはサービスの提供に関する契約の相手方であり，その供給が企業の製品の生産または関連サービスの提供及び利用に必要であるもの」と定義されています。

61　間接供給者とは，ドイツデュー・ディリジェンス法第２条(8)のなかで，「直接供給者ではない企業であって，その供給が当該企業の製品の生産または関連サービスの提供及び利用に必要であるもの」と定義されています。

62　ドイツデュー・ディリジェンス法においては，人権リスクを「事実関係に基づき，以下の禁止事項のいずれかに対する違反が差し迫っている十分な蓋然性がある状態をいう」と定義されています。主な禁止事項としては，児童労働，強制労働，極端な経済的・性的搾取や屈辱等，職場におけるあらゆる形態の奴隷制，労働安全衛生上の義務違反，結社の自由の否定や禁止，雇用における差別・不平等な取扱い，適切な生活賃金支払いの留保，清潔で安全な飲料水への人のアクセスを妨げること，衛生施設への人のアクセスを困難にしたり破壊したりすること，土地・森林及び水源について，これらを生計のために利用している人がいる場合に，これらの取得・開発またはその他の利用において違法に占有剥奪すること，警備隊の委託及び使用による非人道的行為等が挙げられています。また，環境関連リスクについても人権リスクと同様に，「事実関係に基づいて，以下の禁止事項のいずれかに違反する十分な可能性がある状態のことをいう」と定義したうえで，主な禁止事項としては，水銀に関する水俣条約，残留性有機汚染物質に関するストックホルム条約（POPs条約），有害廃棄物の国境を越える移動及びその処分の規制に関するバーゼル条約等で規定されている特定事項への違反が挙げられています。

63　なお，企業として人権または環境関連のリスクを特定しておらず，義務の違反もない場合は，報告書で妥当性のある説明ができていれば，詳細な説明は必要ないとされています。

64　ドイツデュー・ディリジェンス法 第11条第１項

65　本項では，「European Commission「Proposal for a Directive of the European Parliament and of the Council on Corporate Sustainability Due Diligence and amending Directive (EU) 2019/1937」を「コーポレート・サステナビリティ・デュー・ディリジェンス指令案」と訳します。

66　EU指令案は今後，EU理事会と欧州議会で審議され，成立した場合，グループ１（図表２-18及び２-19）の企業はEU指令成立後から２年以内に，グループ２の企業はEU指令成立後から４年以内に適用対象となるよう，EU加盟国は国内法制化することが求められています。なお，EU指令の成立をめぐってはビジネス界を中心に反対意見が挙げられており，特にビジネスヨーロッパ（欧州経営者連盟）は，EUとしてのデュー・ディリジェンスの枠組みを設けることを支持する一方で，EU指令案は多くの面で実行可能なルールを提供するには不十分であり，間接的なサプライヤー取引先を含めたバリューチェーン全体を管理できると企業に期待するのは非現実的であるとの声明を出しています。このため，「EU指令案の審議には１～２年を要し，多くの修正が予想される」との意見があります（出典：『日経ESG　2022年５月号』（日経BP社刊）35項)。このような状況を受けて，2022年11月30日にEU理事会は，EU指令案の段階的な適用やデュー・ディリジェンスの対象となるバリューチェーンの縮小を含むいくつかの事項に対して修正案を示しています。

67　当該企業の全世界の平均従業員数（EU域内の事業拠点における従業員数ではない）が範囲に含まれます。非常勤職員（フルタイム換算により計算)，派遣労働者も対象に含まれます。

68　当該企業の全世界の純売上高（EU域内の純売上高ではない）が対象になります。純売上高は売上高からリベートや売上額に関連する税額（VAT等）を控除した金額を意味します。

69　European Commission “Proposal for a Directive of the European Parliament and of the Council on Corporate Sustainability Due Diligence and amending Directive (EU)

2019/1937”（2022年２月23日）。グループ１・グループ２に分類される企業数は本proposalに記載の2022年２月時点の情報。

70 具体的には，繊維，皮革及び関連製品（履物を含む）の製造業／繊維，衣類及び履物の卸売業，農林水産業（養殖を含む），食品の製造業，及び農業用原料，動物，木材，食品，飲料の卸売業，鉱物資源（原油，天然ガス，石炭，亜炭，金属，金属鉱石，その他非金属鉱物及び採石物を含む）の採掘業，基礎金属製品，その他の非金属鉱物製品及び金属製品（機械装置を除く）の製造業，鉱物資源，基礎・中間鉱物製品（金属，金属鉱石，建設資材，燃料，化学品及びその他の中間製品を含む）の卸売業が，高インパクトセクターに該当すると定義されています。

なお，本書執筆時点では，自社が高インパクトセクターに該当するかを確認するためのツール等は欧州委員会，EU理事会等からは出されていないため，本指令の適用可否の判断には，今後，欧州委員会等から出される追加情報を参照する必要があると考えられます。

71 当該企業のEU域内の純売上高（全世界の純売上高ではない）が対象になります。純売上高は売上高からリベートや売上額に関連する税額（VAT等）を控除した金額を意味します。

72 中小企業とは，その法的形式にかかわらず，小規模または中規模企業で，DIRECTIVE 2013/34/EU OF THE EUROPEAN PARLIAMENT AND OF THE COUNCILの第３条(1)，(2)，(3)及び(7)に定義される企業です。

73 EU指令案で定めるデュー・ディリジェンスのプロセスにはOECDガイダンスの６つの構成要素を含めるべき旨が明記されています。

74 国連人権理事会によって，The UN Working Group on human rights and transnational corporations and other business enterprises（UN Working Group on Business and Human Rights/UNWG）が，国連指導原則の履行を促進する推進役に任命されています。

75 これは，上記ワーキング・グループが2013年に国連人権理事会に提出した報告レポート（A/HRC/23/32, p. 21の項目(f)）のなかで明記されています。

76 “Policy strategy developed by a State to protect against adverse human rights impacts by business enterprises in conformity with the UN Guiding Principles on Business and Human Rights（UNGPs）”. https://www.ohchr.org/sites/default/files/Documents/Issues/Business/UNWG_NAPGuidance.pdf

77 第５回 国連ビジネスと人権フォーラム，「ビジネスと人権に関する指導原則に係る国別行動計画セッション，志野光子大使ステートメント」（2016年11月16日）。https://www.geneve-mission.emb-japan.go.jp/itpr_ja/statements_rights_20161116.html

78 ステークホルダーとの協議結果は，「ビジネスと人権に関するベースラインスタディ報告書」としてまとめられ，2018年12月に公表されました。「ビジネスと人権に関するベースラインスタディ報告書～ビジネスと人権に関する国別行動計画策定に向けて」（2018年12月）。https://www.mofa.go.jp/mofaj/fp/hr_ha/page22_003272.html

79 この計画を踏まえて策定されたのが，2022年に公表された「責任あるサプライチェーン等における人権尊重のためのガイドライン」です。本ガイドラインの詳細は，本章**4**(4)のなかで解説します。

80 有価証券上場規程第436条の３(1) https://jpx-gr.info/rule/tosho_regu_201305070007001.html

81 有価証券上場規程第508条第１項(2) https://www.nse.or.jp/rule/files/yukasyoken20220404.pdf

82 改訂後の企業行動憲章は全10条で構成され，人権に関しては第４条で規定されています。

83　本アンケート調査は，企業行動憲章への取組みや課題を把握し，会員企業の一層の理解促進や実践の発展につなげることを目的に，2020年７～８月の期間に実施されました。結果の詳細は，「第２回企業行動憲章に関するアンケート調査結果（2020年10月13日）」にまとめられています。https://www.keidanren.or.jp/policy/2020/098_honbun.pdf

84　詳細は上記アンケート調査結果のp.27をご参照ください。「人権を尊重する社内の仕組み」にかかる設問のうち，人権デュー・ディリジェンスを構成する重要な取組みの「特定したリスクの影響度の分析・評価」は全体の26%，「優先度の高い人権リスクへの予防と対処」は全体の33%であることが明らかになりました。

85　本改訂では，国連指導原則の「人権を尊重する企業の責任」を踏まえて，企業の自主的取組みの重要性が強調されるとともに，「人権デュー・ディリジェンス」や「是正」の項目が新設されています。https://www.keidanren.or.jp/policy/cgcb/2021point.pdf

86　人権を尊重する経営のためのハンドブック（2021年）。https://www.keidanren.or.jp/policy/cgcb/2021handbook.pdf（2022年12月６日最終閲覧）

87　2021年５月に第一次提言を公表し，「今後の日本の人権外交のあり方」の「具体的に追求すべき施策」の１つとして，「人権デュー・ディリジェンスの支援強化」が挙げられています。https://storage.jimin.jp/pdf/news/policy/201677_1.pdf

88　2020年の日本版NAPの策定を受け，そのフォローアップの一環として実施された日本企業のビジネスと人権への取組状況に関する政府としての初の調査。調査対象は2021年８月末時点での東証一部・二部上場企業等で，760社が回答しています。経済産業省・外務省「日本企業のサプライチェーンにおける人権に関する取組状況のアンケート調査」(2021年11月)。https://www.meti.go.jp/press/2021/11/20211130001/20211130001-1.pdf

89　上記アンケート調査に基づくと，人権デュー・ディリジェンスを実施していない回答企業（376社）のうち最も多かったのが「実施方法が分からない」という回答で，全体の32%を占めています。

90　「責任あるサプライチェーン等における人権尊重のためのガイドライン」(2022年)。https://www.meti.go.jp/press/2022/09/20220913003/20220913003-a.pdf

91　原則７において，重大な人権侵害のリスクは紛争に影響を受けた地域において高まるため，国家は，その状況下で活動する企業がそのような侵害に関与しないことを確保するために，例えば，企業がその活動及び取引関係によって関わる人権関連リスクを特定し，防止し，そして軽減するよう，できるだけ早い段階で企業に関わっていくこと等が規定されています。

92　「強化された人権デュー・ディリジェンス」とは，例えば，企業が事業を行う紛争等の影響を受ける地域の状況についての理解を深め，紛争等を助長する潜在的な要因等を特定することを通して，事業活動が人権への負の影響を与えないようにするだけでなく，紛争等の影響を受ける地域における暴力を助長しないようにする取組みを指す，と説明されています。「強化された人権デュー・ディリジェンス」の実施にあたっては，国連開発計画が，2022年11月に，企業向け指針として「紛争等の影響を受ける地域でのビジネスにおける人権デュー・ディリジェンスの強化―手引書」を公表しているため，そちらも併せてご参照ください。https://www.undp.org/ja/japan/publications/heightened-human-rights-due-diligence-business-conflict-affected-contexts-guide

93　ガイドラインにおいては，例えば，紛争等の影響を受ける地域においては，職を失った労働者が生活を維持することが難しくなって武装勢力に加わったりする可能性や，医療や社会インフラが損害を受けたりするなど，現地住民を取り巻く状況が脆弱になる可能性等が指摘されています。

第3章

国連指導原則が企業に求める人権対応

1　国連指導原則が企業に求める３要件と日本企業の現状

世界各国でビジネスを展開するグローバル企業が事業活動のなかで人権侵害を引き起こしたとしても，人権に関する国連条約等が企業に直接適用され，是正を促すような慣行は，現在の国際法の構造及び解釈では成立していません[1]。つまり，現在までに成立している人権に関する国連条約[2]はあくまでも国家の義務を規定したものであり，企業の責任を直接規定したものではない，と解釈されています。

2011年に成立した「ビジネスと人権に関する指導原則」（以下，国連指導原則）は，人権に関する企業の責任を明文化したという点で非常に画期的です。国連指導原則は，国連加盟国による批准を必要とする条約形式の国連文書ではなく，国際的規範（ソフト・ロー）として成立しているため，それ自体，国家や企業に対して法的拘束力のある義務を改めて設けているわけではありません。一方で，法的拘束力を有さないとはいえ，企業には人権を尊重する責任があることが国連文書のなかで初めて明文化されたことのインパクトは非常に大きいと解されています。

国連指導原則が，人権を尊重する企業の責任として明示的に求めている要件として，以下の３点があります。

①　人権を尊重する責任を事業活動のなかに定着させる基礎として「人権に対するコミットメント」を定めること

② 人権への負の影響を特定し，防止し，軽減し，そしてどのように対処するかということに責任を持つために「人権デュー・ディリジェンス」を実行すること
③ 人権に負の影響を受けた個人や地域社会のために実効的なグリーバンス・メカニズム（苦情処理メカニズムともいう）を確立すること

前述のとおり，国連指導原則は企業を法的に拘束するものではなく，企業はボランタリーな取組みとして，国連指導原則の３要件に取り組むことが求められています。企業の自助努力に基づく取組みとはいえ，第１章及び第２章で言及したとおり，機関投資家からの要請やヨーロッパを中心に整備が進んでいるビジネスと人権に関する法令への対応が企業の取組みを後押しする形となり，３要件に対応する企業はグローバルで増加しています。

日本では国連指導原則の３要件への対応を義務化する国内法は成立していませんが，ESG評価機関を含む機関投資家からの要請，高まるサステナビリティ情報開示への対応，NGOからの要請等が実質的なドライバーとなり，３要件への対応を強化する企業は増加しています。2020年に策定された日本の「『ビジネスと人権』に関する行動計画（2020-2025）」でも，政府として日本企業のビジネスと人権への取組みを促進するとともに，企業に対して人権デュー・ディリジェンスの導入を期待することが表明されています。

経済産業省及び外務省は，本行動計画における表明を踏まえ，今後のビジネスと人権に関する政策を検討するために，日本企業の人権マネジメントの実態や課題感を把握すべく，人権に関する包括的な調査（「日本企業のサプライチェーンにおける人権に関する取組状況のアンケート調査」）[3]を2021年に実施しました。

本調査は，2021年９月に東証一部・二部上場企業を含む2,786社（うち回答企業は760社）を対象に，人権方針の策定有無や人権方針の要件（国際的規範への準拠や人権方針の適用範囲等），人権デュー・ディリジェンスの実施状況や実施していない場合の理由，人権侵害に関する通報窓口の設置状況，人権に関する研修の実施状況，人権に関する情報開示の状況，政府・公的機関への要望等について取り上げています。

その結果，回答企業（760社）のうち約７割は人権方針を策定[4]している一方で，人権デュー・ディリジェンスに関しては，約半数の52％が実施してはいる

ものの，大半が自社（国内）を対象とした取組みであり，国連指導原則が人権デュー・ディリジェンスの対象範囲として期待する間接仕入先や販売先・顧客等まで対象に含めて実施できている企業は低位[5]に留まっていることが確認されました。なお，人権デュー・ディリジェンスを実施していない企業（回答企業のうち48%，376社）のうち，30%強がその理由として実施方法がわからないことが原因だと回答しています。また，グリーバンス・メカニズムに関しては，人権侵害が発覚した際の被害者救済と問題是正のためのガイドライン・手続きを定めている企業は回答企業（760社）のうち49%であることが確認されています。

国連指導原則が企業に求める3要件への取組みは，一朝一夕で完結するものではなく，企業のビジネスがゴーイングコンサーンとして存続する限り，対応し続ける必要があります。

本章では，国連指導原則や責任ある企業のためのOECDデュー・ディリジェンス・ガイダンス（以下，OECDガイダンス）等の国際的規範を参考としながら，国連指導原則が企業に求める3要件に対応するための企業実務を解説することを目的としています。

本章**2**では，企業として人権方針を策定する意義を整理したうえで，KPMGがこれまで培ってきた知見をもとにした人権方針の策定アプローチや一般的な人権方針の構成について解説します。また，本章**3**では，人権デュー・ディリジェンスへの対応実務のポイントを人権デュー・ディリジェンスへの対応ステップごとに解説します。そして，本章**4**では，企業実務の観点から実効性のあるグリーバンス・メカニズムを構築するためのポイントを解説します。

2　人権方針の策定

(1)　人権方針を策定する意義

①　独立した文書としての人権に対するコミットメント

人権を尊重する企業としてのコミットメントを対外的な文書として示すことは，国連指導原則が企業に求める3要件のうちの1つを構成する重要な取組みです。2011年に国連指導原則が採択され，「ビジネスと人権」という概念が広まる前から，多くの日本企業は，「人権尊重」や「他者の尊重」を求める企業姿勢を，企業行動指針やコンプライアンス行動規範等の文書のなかで示してきました。しかしながら，企業行動指針やコンプライアンス行動規範等では，汚職・贈収賄の禁止，反社会的勢力との接触禁止，インサイダー取引の禁止，プライバシーの保護，ハラスメントの禁止，安全で衛生的な職場環境の整備等に代表されるさまざまな事項が規定されており，「人権尊重」や「他者の尊重」はあくまでもそれらを構成する一要素という位置付けとなっているのが実情です。

一方で，人権を尊重するという企業としてのコミットメントを策定すべき，という方向性が国連指導原則によって明確化されたことによって，昨今では，企業行動指針やコンプライアンス行動規範における言及とは別に，企業の人権に対するコミットメントを独立した文書として示すことが一般的になりつつあります。

なお，国連指導原則やそれを補完する位置付けの国連指導原則報告フレームワークは，必ずしも人権に特化した独立した文書として人権へのコミットメントを示すことは要求しておらず，「倫理規定や事業原則といったより広範な文書」[6]等において，コミットメントを示すことを許容しています。もっとも，一般的な企業実務に鑑みると，人権を含む幅広いイシューをカバーする企業行動指針やコンプライアンス行動規範において人権に関するセクションのみを国連指導原則が求める要件に合わせて改訂することによって，企業行動指針やコンプライアンス行動規範の文書全体の構成がアンバランスになることや，行動指針やコンプライアンス行動規範を管轄する部署と人権を管轄する部署がそもそも異なる場合には，管轄部署の不整合が生じるケースがあるため注意が必要です。

②　人権方針を策定すべき４つの理由

KPMGでは，このような実態を勘案しつつ，人権を尊重する企業としてのコミットメントは，企業行動指針やコンプライアンス行動規範等において詳細に言及するのではなく，適切な社内承認プロセスを経たうえで人権に特化した「人権方針」という形をもって策定し，対外的に開示すべきと考えます。KPMGが人権方針を策定すべきと考える背景には４つの理由が挙げられます。

第１に，社会的要請として重要性が増しているテーマである人権方針を策定することによって，人権尊重の取組みを重要視する企業姿勢をより際立たせることができます。

第2に，企業が事業活動を展開するうえで遵守すべき指針は多岐にわたりますが，その活動が国を超え幅広いステークホルダーと関連することに鑑みると，人権方針を策定することで，人権尊重にかかる実務的な取組みが展開しやすくなるという点が挙げられます。人権リスクは，事業活動のさまざまな局面で発生する可能性が想定されます。人権リスクが発生した際に拠り所となる人権方針が明確化されていれば，一貫性のある企業判断を下すことに役立ちます。

第3に，人権方針として企業の責任を明文化し広く公開すること自体が，ステークホルダーとの適切なコミュニケーション手段として位置付けられます。企業は事業活動を通じて，さまざまなステークホルダーとの関わりの結果もたらされる利益を享受すると同時に，関連するステークホルダーに与えうる人権への負の影響に責任を有します。そのため，その責任を果たすことを明確にコミットし，ステークホルダーからの信頼を得るためのコミュニケーションの手段として，人権方針を位置付けることは極めて有効です。

第4に，第1章でも言及しましたが，人権を含むESGへの取組みを実質的に後押しする存在となっているESG評価機関が，評価項目の1つとして人権へのコミットメントを設けていることが挙げられます。ESG評価機関は，企業に対して必ずしも他の文書から独立した人権方針を示すことを明示的に要求しているわけではありません。しかく，多くのESG評価機関は，企業が人権へのコミットメントにおいてカバーすべき要件を明確化することを求めており，実質的には，独立した人権方針の策定を要求しています。ESG評価機関の評価基準は，市場環境の変化や企業の取組みの成熟度を踏まえて年々厳格化の傾向にあるため，将来的には，独立した人権方針を策定し，開示していることがスタンダードな評価ポイントになることは十分に考えられます。将来的な評価基準の改訂に備える意味からも独立した人権方針を策定しておくことは重要です。

⑵　人権方針策定に向けたアプローチ

社内規程やガイドラインを策定するためのルールや慣行は各社に応じて異なるため，人権方針を策定するアプローチは各社各様です。一方で，人権方針を策定するにあたって，何から着手したらよいのかがわからないという企業は多いと思われます。

本項では，KPMGがこれまで培ってきた知見をもとに，図表3-1に示すステップに沿って，人権方針を策定する方法を解説します。

図表3-1 人権方針の策定に向けたKPMGのアプローチ

1	望ましい人権マネジメントの水準感の把握
2	望ましい人権マネジメントの水準感と現状とのGAPの把握・課題特定
3	必要な取組みの優先順位の決定
4	人権方針のドラフト
5	取締役会の承認

(出典：KPMGにて作成)

① ステップ1：望ましい人権マネジメントの水準感の把握

人権方針を策定するにあたってまず取り組むべきことは，ビジネスと人権に関連する国際的規範，ESG評価機関からの要求事項，企業を取り巻くステークホルダーからの期待事項等を踏まえながら，企業に求められている望ましい人権マネジメントの水準感を把握することです。

各企業のビジネスモデルや所属するインダストリーの固有性によって，人権マネジメントにおいて求められる水準感は異なりますが，いかなる企業であっても国連指導原則の要求レベルを最低限満たすことが求められています。

望ましい人権マネジメントの水準感は，公表されている情報の収集やESG評価機関の評価基準をもって把握することが一般的ですが，必要に応じて自社を取り巻くステークホルダーやNGOが発行している報告書の参照，あるいは，直接対話を通じて把握するという手法も想定されます。

② ステップ2：望ましい人権マネジメントの水準感と現状とのGAPの把握・課題特定

ステップ2では，ステップ1で把握した望ましい人権マネジメントの水準感と自社の現状の取組み状況を比較するGAP分析を実施し，自社の課題や課題解決のために必要となる今後の取組みを特定します。GAP分析を実施するためには，自社の現状を網羅的に把握しておくことが重要であるため，本ステップでは人権に関連する部署[7]に幅広くヒアリングすることが効果的です。

人権方針の策定は，サステナビリティ推進部や人事部等がオーナーとなり進めることが一般的ですが，人権方針でコミットする内容を実行に移すためには，社内の関係各部の関与が欠かせません。したがって，全社的に人権マネジメントを推進するためにも，人権方針の策定段階から関連部署を巻き込んでおくことは重要なポイントです。

③　ステップ３：必要な取組みの優先順位の決定

ステップ３では，短中期的な時間軸のなかで，どの取組みから優先的に着手すべきかを関連部署と協議し，決定します。人権方針を公表する時点においては，必要な全部の取組みに着手していることまでは求められませんが，人権方針でコミットした以上は，短中期的な時間軸のなかで，その内容を実行に移すことが求められます。

人権方針でコミットしたにもかかわらず取組みが伴っていない状況が継続すると，社会的信用の失墜をはじめとするレピュテーションリスクにつながることが想定されます。ステップ３は，人権方針の実効性を担保し，その形骸化を防ぐために必要な取組みです。

④　ステップ４：人権方針のドラフト

ステップ４では，人権方針の文言をドラフトします。人権方針のドラフトにあたっては，国連指導原則をはじめとする国際的規範で用いられている専門的な表現[8]に合わせることや，開示文書として対外的に相応しい表現[9]を用いる必要があるため，細かく検討することが必要です。

また，人権方針は自社グループの海外拠点や海外の調達先等に対して広く周知することが前提となるため，はじめに日本語でドラフトする場合は，少なくとも英語への翻訳を念頭に置きながら，英語に置き換えた場合でも意味に齟齬が生じない表現を検討することが効率的です。日本語ならではのニュアンスに頼った表現で人権方針をドラフトすると，翻訳時に苦慮することが想定されるため，可能な限りシンプルかつ端的な表現を心掛けることが推奨されます。

⑤　ステップ５：取締役会の承認

ステップ５は，ドラフトした人権方針について取締役会の承認を取得することです。詳細は⑶のなかで解説しますが，人権方針は「企業の最上級レベル」である取締役会にて承認されることが国連指導原則において求められています。

人権方針は人権マネジメントの考え方や取組みを経営の意思として対外的に示していくのみならず，全社的に根付かせていくため指針となるものです。取組みを根付かせるためには，人権デュー・ディリジェンスのプロセスの実効性を担保することも必要です。そのためには取締役会による監督も重要になることから，取締役会における承認は必須といえます。

(3) 人権方針の構成

人権方針の構成を規定するフレームワークはグローバルにおいても存在しないため，企業は各社各様の方法で策定することが可能です。しかしながら，国連指導原則には人権方針として最低限満たすべき要求事項が示されているため，これらの要件への準拠は必要不可欠です。また，実務的観点に基づくと，ESG評価機関の評価水準を意識した対応も重要となります。

本項では，人権方針に対して国連指導原則及びESG評価機関が求める要件を棚卸ししたうえで，それらの要件を体系的に整理することによって導き出せる一般的な人権方針の構成について考察します。

① 国連指導原則が人権方針に求める要件

国連指導原則では，原則16のなかで人権方針の策定にあたり求められる５つの要件を示しています。具体的には図表３-２のとおりです。

図表３-２ 国連指導原則が人権方針に求める５つの要件

a	企業の最上級レベルで承認されている
b	社内及び／または社外から関連する専門的助言を得ている
c	社員，取引先，及び企業の事業，製品またはサービスに直接関わる他の関係者に対して企業が持つ人権についての期待を明記している
d	一般に公開されており，すべての社員，取引先，他の関係者に向けて社内外にわたり知らされている
e	企業全体にこれを定着させるために必要な事業方針及び手続きのなかに反映されている

（出典：国連指導原則をもとにKPMGが作成）

第１に，人権方針は「企業の最上級レベル」で承認される必要があります。

前述のとおり，「企業の最上級レベル」は日本企業の実務に照らし合わせると「取締役会」に相当します。特に日本では，2021年６月に施行された改訂コーポレートガバナンス・コードの補充原則２－３①のなかで，取締役会が人権の尊重を含むサステナビリティをめぐる課題への対応に関して，中長期的な企業価値向上の観点から，積極的・能動的に取り組むことの必要性について定めています。

第２に，人権方針は社内及び／または社外から関連する専門的助言を得て策定されている必要があります。企業の事業活動が及ぼす影響は広範囲に及びます。したがって，社内の各部門を巻き込み必要な知見を収集するのみならず，自社を取り巻くステークホルダーと協議・対話を行うことが求められます。具体的には，NGOや人権専門家といった外部の第三者から助言を得るなどして，事業活動が影響を及ぼす各ステークホルダーに配慮した方針内容にすることが重要です。

第３に，人権方針では，社員，取引先，及び企業の事業，製品またはサービスに直接関わる他の関係者に対して企業が持つ人権についての期待が明記されている必要があります。国連指導原則では人権を尊重する企業の責任は，自らの事業活動のみならず取引関係等によってつながっている第三者にも及ぶと明記されているため，人権方針でコミットする内容は，自社のみならず取引先及び企業の事業，製品またはサービスに直接関わる他の関係者といった幅広いステークホルダーにも求めていくことが望まれます。

第４に，人権方針は，一般に公開され，すべての社員，取引先，他の関係者といった社内外のステークホルダーに知らされている必要があります。自社として人権方針でコミットする内容は，社外の幅広いステークホルダーに求めていくため，当然その内容はウェブサイト等を通じて一般公開される必要があります。また，公開するだけでなく，各ステークホルダーとの日々のコミュニケーションやエンゲージメントのなかで活用したり，勉強会やワークショップを通じてその内容に対する理解を促したりすることも求められます。

第５に，企業全体に人権方針を定着させることを目的に，社内の方針や手続きのなかに，人権方針でコミットする内容を反映させていく必要があります。人権にかかる一連の取組みや経営判断には一貫性を保つ必要があるため，人権方針でコミットする内容と人権方針以外の社内の諸規程や手続きとの間で整合をとることが求められます。

② グローバルで主要なESG評価機関が人権方針に求める要件

グローバルで主要なESG評価機関が企業の人権方針に対して設けている具体的な評価項目は，評価機関ごとに異なります。一方で，ESG評価機関が人権に対するコミットメントを評価する視点は，国連指導原則をはじめとする国際的規範に基づいているため，評価項目はおおむね共通しています。ESG評価機関が人権方針において設定している主な評価項目として，以下の内容が挙げられます。

- 人権方針は，国際人権章典，国連指導原則，OECD行動指針等の国際的規範に基づいているか。
- 人身取引，強制労働，児童労働，結社の自由，団結交渉権等に代表される企業として最低限尊重すべき人権課題に言及しているか。また，業界固有の人権課題に対処するコミットメントも示しているか。
- 人権方針の適用範囲には，自社グループのみならず，調達先やパートナー企業等を含めているか。
- 人権デュー・ディリジェンスを実施するコミットメントを示しているか。
- 人権に関する負の影響をモニタリングし，報告するコミットメントを示しているか。
- グリーバンス・メカニズムを設定するコミットメントを示しているか。
- 特定した負の影響に対しては，是正や救済にかかる処置を提供するコミットメントを示しているか。
- 人権方針の内容を社内及び社外のステークホルダーに対してコミュニケーションするコミットメントを示しているか。
- 人権方針は，企業の最上級レベルで承認されているか。

③ 人権方針を構成する項目

上述の国連指導原則及びESG評価機関の要件を体系的に整理することによって，人権方針のなかで規定すべき項目を特定することが可能です。KPMGは，それらの項目を図表3-3のとおり12項目に分類しています。各項目の概要は，以下のとおりです。

図表３－３　一般的な人権方針の構成項目

i	前文／はじめに
ii	人権方針の位置付け
iii	人権方針の適用範囲
iv	人権尊重に対するコミットメント
v	人権マネジメントのガバナンス及び運用体制
vi	人権デュー・ディリジェンス
vii	グリーバンス・メカニズム
viii	ステークホルダーとの対話
ix	人権方針の周知浸透／教育
x	情報開示
xi	改訂・見直し
xii	企業の最上級レベルにおける人権方針に対するサイン

（出典：KPMGにて作成）

ｉ）前文／はじめに

「前文／はじめに」では，事業活動における人権の尊重という基本的な行動がビジネスの根底に根付いていることを強く訴求するために，企業理念・パーパス・行動規範・サステナビリティ方針等の文書を引用しながら，自社における人権尊重の重要性を明確化することが望まれます。本項目は，国連指導原則やESG評価機関が求める要求項目ではありませんが，人権方針のなかで自社の固有性やオリジナリティを記載するためには有用な項目と位置付けられます。

ii）人権方針の位置付け

本項目では，自社の独自基準ではなく，国連指導原則や国際人権章典等に代表される国際的規範が要求する水準に従って，人権方針を策定している旨の明確化が望まれます。人権方針の策定に際して参照した国際的規範[10]や加盟している人権関連イニシアチブ[11]等の名称を記載することが一般的です。

iii）人権方針の適用範囲

通常の社内規程であれば，その適用対象は自社の事業活動に限定されますが，国連指導原則では人権を尊重する企業の責任は，自らの事業活動のみならず取引関係等によってつながっている第三者にも及ぶと明記されているため，本項目では，自社の従業員のみならず，取引先やパートナー企業といった第三者に対する人権尊重の期待や要求に言及することが一般的です[12]。

ⅳ）人権尊重に対するコミットメント

本項目では，国連指導原則を踏まえながら，主に４つの要素に関するコミットメントの明示が望まれます。

１．事業活動を通じて負の影響を引き起こした場合の対応の明示

企業には，人権に対する負の影響を自らが直接引き起こした場合（図表３－４の❶に該当）と間接的に助長した場合には（図表３－４の❷に該当），責任を持って負の影響に「対処」することが求められています。また，取引関係等を通じて自社が負の影響に加担した場合には，「負の影響を防止または軽減するよう努める」ことが求められています（図表３－４の❸に該当）。

図表３－４　人権に負の影響を及ぼす企業行動と求められる対応

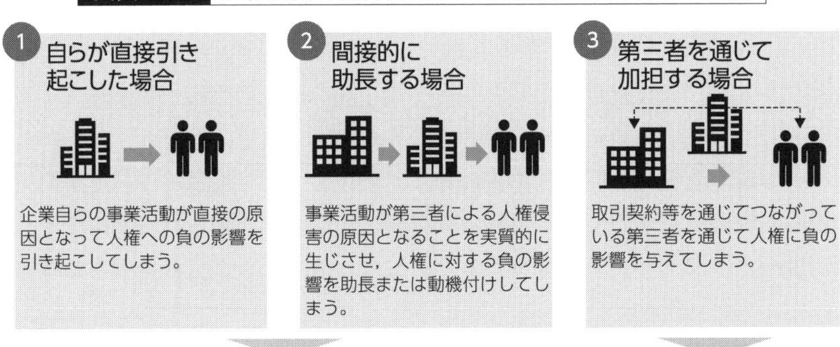

（出典：KPMGにて作成）

したがって，人権方針のコミットメントとして，直接的・間接的という程度の差こそあれ，事業活動が負の影響を引き起こす原因として作用する❶・❷のケース[13]と，事業活動に付随して負の影響が生じる❸のケース[14]を区別し，責任を持って負の影響に「対処」すること，そして「負の影響を防止または軽減するよう努める」ことを明記することが望まれます。

２．事業を展開する国・地域がどこであっても企業に適用される法律はすべて遵守するとともに，現地法令と国際的規範との間に乖離がある場合には国際的規範が示す高いレベルに照準を合わせて人権の尊重を追求する旨を明示すること

各国・地域によって人権に関する国連及びILO条約等の批准状況，それらの国際条約の国内法化の状況，政治的事情等は異なりますが，事業展開国・地域がどこであったとしても，当該国・地域の法令や政治に左右されることなく，国際的規範が示す高いレベルに合わせて人権を尊重する取組み姿勢を一律に保つことが重要です。

３．国際人権章典及びILO宣言にて規定されている基本的な人権[15]の尊重を明記すること

なお，実務的観点に基づくと，人権方針のなかで企業の事業活動に関連するすべての権利に詳細に言及することは難しいため，人権方針では普遍的な表現に留めて，各権利に関する考え方や取組み状況は，HP等のサステナビリティのページや統合報告書等で詳細に説明することが一般的です。

４．特に自社にとって深刻な影響が想定される「顕著な人権課題」を特定し，特定した課題に関してはリソースを張って重点的に管理するコミットメントを示すこと

顕著な人権課題の特定は，国連指導原則が直接的に要求する取組みではありませんが，国連指導原則を補足する位置付けの国連指導原則報告フレームワークが推奨する取組みです。

顕著な人権課題の特定は，「人権」と一言でいえど，その種類は多岐にわたるため，自社の事業活動にとって特に深刻度が高い人権課題を明確にし，それらの人権課題の対処に経営リソースを集中させることが合理的であるという考えに基づいています。

ｖ）人権マネジメントのガバナンス及び運用体制

人権方針の本項目では，人権に対する監督責任の所在を明らかにするとともに，人権尊重への取組みを推進する管轄部署の設置やモニタリング体制の確立，企業の意思決定プロセスに代表される企業活動の隅々まで人権尊重の要素を浸透させ，ガバナンスを効かせていく旨のコミットメントを明示することが求められます。

また，国連指導原則の原則19では，人権に対する負の影響を防止・軽減し適切な措置を講じるために，企業のしかるべき部門にリソースを割り当て，企業の意思決定プロセス・予算配分・監査プロセスといった企業活動の隅々まで人権尊重の要素を浸透させることへの期待が示されています。ガバナンスを確保すると同時に運用面や執行体制を整備することについてもコミットメントを示すことが重要です。

人権に対するガバナンス及び運用体制の確保のための実務的対応としては，主に人権マネジメントを管掌する役員の任命，人権マネジメントの実務を担当する管轄部署や選任担当者のアサイン，実務担当チームから管掌役員や取締役会への報告プロセスの整備という３点に対応することが一般的に求められています。

しかしながら，多くの日本企業では人権マネジメントを管掌する役員が明確に定められていないケースがあることや，サステナビリティ管掌役員は任命されているものの人権に対する取組みの進捗や負の影響の特定状況が管掌役員を含む取締役会に定期的に報告されていないといったケースが散見されます。コーポレートガバナンス・コードに即した対応を取るためにも人権方針の策定とあわせてガバナンス・運用体制の整備が望まれます。

vi）人権デュー・ディリジェンス

人権方針における人権デュー・ディリジェンスへのコミットメントは，実務的に人権デュー・ディリジェンスを推進し，全社的に浸透させていくうえで拠り所となる重要な記載事項となります。したがって，人権デュー・ディリジェンスの継続的実施やその実効性を担保するためにも，人権デュー・ディリジェンスを定期的かつ継続的に実施するコミットメントを人権方針において明示的に打ち出すことが求められます。

人権デュー・ディリジェンスに関する具体的なアクションは，企業の事業ステージや人権に対する取組みの成熟度に応じて絶えず変化するため，人権方針のなかでどこまで詳細に記載するかについては検討が必要です。実務的な観点からいえば，人権方針ではある程度普遍性のある表現に留めたうえで，人権デュー・ディリジェンスの具体的な実施手法・実施計画・対象期間といった詳細については，人権デュー・ディリジェンスの実施結果とその対応策とともに統合報告書やサステナビリティに関するHP等で詳述することが現実的です。

ⅶ）グリーバンス・メカニズム

企業を取り巻くすべてのステークホルダーが，負の影響の懸念や苦情を申し立てられる仕組み（グリーバンス・メカニズム）を確保すること，またそのような仕組みを通じて人権への負の影響を検知した場合には，企業として責任を持って負の影響を是正し，負の影響が生じる前と同等の状態に回復するよう対処するコミットを明確にしておくことが求められます。また，すでにグリーバンス・メカニズムに相当する窓口やシステムを有している場合は，人権方針内で，該当窓口にアクセス可能なURLを掲載しておくことも推奨されます。なお，グリーバンス・メカニズムに求められる要件の詳細等は，本章**4**を併せてご参照ください。

ⅷ）ステークホルダーとの対話

人権方針のなかでは，人権マネジメントのあらゆる場面において企業を取り巻くステークホルダーとの積極的な対話を進め，人権尊重の対応を強化していく意思がある旨を明確化することが求められます。

直接的・間接的という程度に差はありますが，企業は事業活動を通じて立場の異なる幅広いステークホルダーに影響を及ぼしています。したがって，さまざまなステークホルダーとの対話を通じて自社が及ぼしている影響の実態を把握し，負の影響を及ぼしている場合には，ステークホルダーとの対話の結果を活用しながら対応策を立案し，影響を軽減していく必要があります。

ステークホルダーとの対話は人権デュー・ディリジェンスを構成する重要なステップの１つですが，企業としてステークホルダーと対話すべき場面は人権デュー・ディリジェンスの場面だけに限定されるわけではありません。国連指導原則では，人権方針を策定する過程において人権について専門性を持つ社外ステークホルダーと協議を実施することや，グリーバンス・メカニズムの設計に際してステークホルダーの意見を取り入れることなどが期待されています。

人権方針のなかでは，企業の実情を鑑みたうえで，ステークホルダーとの対話についてコミットメントを表明することが重要です。

ix）人権方針の周知浸透／教育

人権方針でコミットする内容に実効性をもたせるためには，方針を公開するだけでなく，企業内外に広く周知浸透を働きかけるとともに，事業活動における人権尊重の意識向上や，重要性の理解を促すための教育活動を継続していくことが肝要です。したがって，人権方針のなかでは，企業活動に従事する役員や従業員，そして企業活動にかかわるステークホルダーに対して人権方針の浸透を促すとともに，適切な教育に取り組んでいく旨のコミットメントを明確化しておくことが推奨されます。

x）情報開示

企業の人権尊重にかかる一連の取組みの開示は，企業を取り巻くステークホルダーとコミュニケーションを深めるための重要な手段です。一般的な企業実務に基づくと，人権にかかる一連の取組みについては，統合報告書やHP等で開示することになるため，人権方針では人権尊重の一連の取組みの進捗を，情報開示媒体を通じて定期的に報告するというコミットを明確にしておくことが推奨されます。また，国連指導原則の原則20では，負の影響への対応の実効性を評価することを目的に，質的及び量的指標を設定することが推奨されているため，そのような指標を設定のうえ，毎年の進捗状況を公開するというコミットメントを人権方針のなかで示すことも期待されます。

xi）改訂・見直し

企業を取り巻く事業環境や事業ステージが変化しても，ステークホルダーからの要求を企業運営に取り込み，人権を尊重する企業責任を一貫して果たしていくためには，環境変化に合わせて人権マネジメントのあり方を適時適切に見直していくことが肝要です。したがって，人権方針では，さまざまな変化に応じて人権マネジメントの拠り所になる方針を定期的に見直すコミットを明確にしておくことが推奨されます。

人権方針とは，一度策定したら永続的に維持される性質の文書ではなく，環境変化とともに絶えず見直される性質の文書[16]です。見直しのタイミングに関しては，グローバル水準で統一のルールが定められているわけではありませんが，日本企業の実務に鑑みると３～５年といった事業計画（中期経営計画）のサイクルに合わせて見直すことが一案として考えられます。

xii）企業の最上級レベルにおける人権方針に対するサイン

v）で解説したとおり，人権に対する監督責任の明確化は極めて重要です。「人権マネジメントのガバナンス及び運用体制」のなかで責任の所在が明確にされていれば，人権方針に対するサインは必ずしも必要ではありませんが，最高執行責任者としてCEOや社長名で署名することが一般的です。

コラム２

人権方針における機会側面への言及

人権への負の影響を管理するというリスク低減の側面に重きが置かれる人権方針において，機会（オポチュニティ）側面について言及すべきか否かは，人権方針の策定を進めるうえで論点となるポイントです。結論からいうと，機会側面への言及は国連指導原則をはじめとする国際的規範が要求する必須事項ではないため，必ずしも含める必要はありません。一方で，特に人権マネジメントへの対応高度化を検討している企業や，人権方針の改訂を検討している企業であれば，積極的に人権方針に取り込む方向で検討すべきと考えます。

例えば，先進的な人権マネジメントを展開するグローバルの大手消費財メーカーは，事業活動から生じる人権への負の影響の軽減に取り組むだけでなく，多くの国々の女性たちがいまだに差別を受けていたり，スキル・トレーニングへの参加機会を阻まれていたりと，社会経済への参画が制限されている実態を課題と捉えたうえで，人権方針のなかで女性のエンパワーメントにコミットしています。具体的には以下のポイントを人権方針に織り込んでいます。

- 自社のビジネスモデルや成長にとって，女性は欠かせない存在である。
- 女性たちが社会経済的に平等に参画できるよう責任ある事業展開やマネジメントのあり方を追求する。
- 自社の事業活動のみならずバリューチェーン全体において女性の権利を尊重し，女性の昇進，スキルの向上，オポチュニティへの挑戦をサポートする。

また，ヨーロッパの大手銀行は，人権方針において，金融セクター全体や社会全体においてポジティブな影響をもたらす機会を追求していく点についてコミットメントを表しています。

人権方針における機会（オポチュニティ）側面に対するコミットメントは，負の影響の軽減というリスク側面への取組みを前提としている人権マネジメントにおけるワンランク上の取組みです。現状では，多くの日本企業は人権デュー・ディリジェンスを通じた負の影響の特定と軽減に取り組みはじめている段階ですが，今後，人権に対する取組みを発展させていく過程において，社会的に立場の弱いステークホルダーのエンパワーメントといった人権の機会側面についても積極的にコミットメントを示す企業が増えていくものと想定されます。

3 人権デュー・ディリジェンスの進め方

(1) 人権デュー・ディリジェンスの定義

人権デュー・ディリジェンスというターミノロジーが，特に日本のビジネス界で市民権を得たのは，ここ２〜３年の出来事です。読んで字の如く，人権デュー・ディリジェンスは「人権」と「デュー・ディリジェンス」という２つの単語に分けられます。

一般的にデュー・ディリジェンスとは，投資対象企業の事業の実態をさまざまな観点から適切に把握し，買収価額や取引条件に反映させるための一連の調査プロセスと解されることが多いでしょう。人権デュー・ディリジェンスにおいても「調査」は重要なステップとして含まれていますが，「調査」を超えた広義の対応が求められています。

グローバル水準で求められる人権デュー・ディリジェンスを展開するためには，国連指導原則に加えて，第２章で解説したOECDガイダンスといったグローバル・スタンダードといわれる規範等を参照する必要があります。

OECDガイダンスは，OECD多国籍企業行動指針で取り上げられているさまざまな課題[17]をデュー・ディリジェンスの対象範囲と位置付けたうえで，企業内でデュー・ディリジェンスの実務に携わる担当者を念頭に置きながら，その概念や特性等を説明しています。OECDガイダンスでは，デュー・ディリジェンスの概念を「企業自体の事業，サプライチェーン及びその他のビジネス上の関係に関して，負の影響を特定し，その負の影響を防止し軽減し，実施状況及び結果を追跡調査し，どのように負の影響に対処したかを伝える一連のプロセス」と定義しています。つまり，人権の観点からいえば，人権に対する負の影響を調査し特定するだけでなく，特定した人権に対する負の影響の防止・軽減に向けた具体的措置を講じ，その具体的措置の効果をモニタリングしたうえで，その実効性をステークホルダーに対してコミュニケーションする一連の対応，と整理されます。

同様の定義は，国連指導原則でも確認できます。国連指導原則のなかでも，原則17～24は企業の人権デュー・ディリジェンスに関連する内容を規定しており，特に原則17には「人権への負の影響を特定し，防止し，軽減し，そしてどのように対処するかということに責任を持つために，（企業は）人権デュー・ディリジェンスを実行すべきである」と明記されています。これに続く文章として，「（人権デュー・ディリジェンスのプロセスには）実際のまたは潜在的な人権への影響を考量評価すること，その結論を取り入れ実行すること，それに対する反応を追跡検証すること，及びどのようにこの影響に対処するかについて知らせることを含むべきである。」との内容が明記されており，国連指導原則とOECDガイダンスの人権デュー・ディリジェンスに関する定義は整合していることがわかります。

両者に共通する重要なポイントは，人権デュー・ディリジェンスへの取組みは，人権への負の影響を調査する取組みだけでは終わらないという点です。人権リスクの調査や人権に対する負の影響調査のみをもって人権デュー・ディリジェンスと誤解して取り組んでいる日本企業が多く見受けられますが，人権に対する負の影響の調査や評価は，あくまでも人権デュー・ディリジェンスの入口にすぎず，負の影響の防止・軽減まで実施することこそが人権デュー・ディリジェンスの本質といえます。

⑵　人権デュー・ディリジェンスの実施ステップ

①　人権デュー・ディリジェンスの全体像

企業実務において人権デュー・ディリジェンスを実効的なものにするためには，人権デュー・ディリジェンスに求められる一連のプロセスを実現可能なステップとして整理することが肝要です。

OECDガイダンスは，デュー・ディリジェンスの構成要素を図表３-５のとおり６つに分けています。これらのうち，１と６は，人権デュー・ディリジェンスのみならず，国連指導原則が定める３要件の「人権に対するコミットメント」や「救済へのアクセス」にも関連することから，人権デュー・ディリジェンス単独としてではなく，人権マネジメント全体のなかで再整理すると理解が進みやすくなります。

図表3-5　OECDガイダンスが示すデュー・ディリジェンスの構成要素

1．『責任ある企業行動を企業方針及び経営システムに組み込む』
2．『企業の事業，サプライチェーン及びビジネス上の関係における負の影響を特定し評価する』
3．『負の影響を停止，防止及び軽減する』
4．『実施状況及び結果を追跡調査する』
5．『影響にどのように対処したかを伝える』
6．『適切な場合，是正措置を行う，または是正のために協力する』

（出典：責任ある企業行動のためのOECDデュー・ディリジェンス・ガイダンスをもとに，KPMGにて作成）

KPMGでは，人権マネジメント対応の全体像を，図表3-6で示すとおり，国連指導原則が定める3要件に従って整理しています。OECDガイダンスとの関連性でいえば，デュー・ディリジェンスの構成要素の1「責任ある企業行動を企業方針及び経営システムに組み込む」は同図表右上の「人権に対するコミットメント」及び「組織内プロセスへの反映」として整理しています。また，OECDガイダンスの6「適切な場合，是正措置を行う，または是正のために協力する」は同図表左上の「グリーバンス・メカニズムの確立」及び「救済措置」と位置付けています。

図表3-6　人権マネジメントの全体像と人権デュー・ディリジェンスのステップ

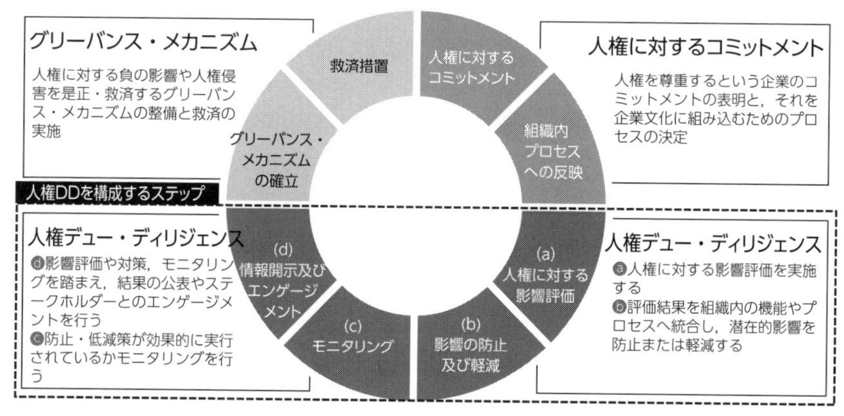

（出典：KPMGにて作成）

したがって，実務的に人権デュー・ディリジェンスとして対応が求められるのは図表3-5に掲げたOECDガイダンスの構成要素のうち2から5であり，KPMGでは，これらを便宜的に「(a)人権に対する影響評価」，「(b)影響の防止及び軽減」，「(c)モニタリング」，「(d)情報開示及びエンゲージメント」と呼称しています。以下では，図表3-6にてKPMGが整理する人権マネジメントのうち，人権デュー・ディリジェンスを構成する(a)～(d)の各ステップの概要を解説します。

②　人権に対する影響評価

i）実施方法の段階分け

国連指導原則の原則18の解説文（commentary）は，人権に対する影響評価を「企業が関与する実際の，そして潜在的な人権への負の影響の性質を特定し，評価すること」であり，その目的は，「特定の事業の状況において特定の人々に対する特定の影響を理解すること」とコメントしています。換言すると，企業の事業活動が，企業を取り巻く各ステークホルダーの人権に対して及ぼしている潜在的な負の影響を調査し，検知することと定義できます。

人権に対する影響評価を企業実務として実施する方法にはさまざまなものがありますが，KPMGでは図表3-7に示すとおり，人権に対する影響評価の実施方法を「セルフ・アセスメント」，「リスク・アセスメント」，「インパクト・アセスメント」の3つのレベルに段階分けしています。

レベル1～3の各段階別に具体的に何を実施すべきかについては別途解説しますが，そもそも段階別に分けているのは，以下の2つの理由に基づきます。

理由1：企業の人権に対する取組みの成熟度は各社各様だという点です。本章1で言及したとおり，現在の日本企業の人権に対する取組み状況にはバラつきがみられます。経済産業省の「人権に関する取組状況アンケート」に回答した企業のうち，約半数（52%）が人権デュー・ディリジェンスを実施してはいるものの，大半が自社（国内）を対象とした取組みであり，間接仕入先や販売先・顧客まで実施できている企業の割合は低位にとどまっています。したがって，人権に対する取組みの進捗具合に応じて，影響評価のやり方は工夫する必要があります。

理由2：人権デュー・ディリジェンスの実施には関係各部の巻き込みや調整に時間を要する場合が多く，状況に応じて柔軟に対応する必要があるためです。

図表3-7　人権に対する影響評価を実施する３段階の実施方法（KPMGの整理）

人権に対する影響評価の実施レベル	主な実施内容	アプローチする対象先（ステークホルダー）
レベル１：セルフ・アセスメント	デスクトップ分析	―
レベル２：リスク・アセスメント	部門ごとのワークショップ・ヒアリング等を踏まえた人権に対する負の影響の特定	自社の各部門及び子会社など（例：調達部，人事部，事業部門等）
レベル３：インパクト・アセスメント	各ステークホルダーに対する直接のエンゲージメントを踏まえて，各ステークホルダーに内在する人権のインパクトを特定	自社グループの従業員１人ひとり，調達先，業務委託先，顧客など

（出典：KPMGにて作成）

特に，初めて人権デュー・ディリジェンスに取り組む企業には，この傾向がみられます。人権デュー・ディリジェンスの実施にあたって実務的な各種調整が生じるわかりやすい例として，ここでは海運会社のケースを取り上げます。

●海運会社の例

海運会社で船員（ステークホルダー）に対する人権デュー・ディリジェンスを推進する場合，想定される当事者としては，本社の人権デュー・ディリジェンスの所管部署，本社の船舶管理会社を管轄する管理部門，自社グループ傘下の船舶管理会社，さらには船舶管理会社傘下のマンニング会社[18]，そして調査対象となる船員の５者が挙げられます。

本社の人権デュー・ディリジェンスの所管部署は，船員に対するアンケートやインタビューを通じて労働条件や労働環境等の調査をしようと考えています。そのためには，まずは人権デュー・ディリジェンスの所管部署が本社の船舶管理会社を管轄する管理部門に人権デュー・ディリジェンスの目的や実施の背景，実施内容を説明する必要があります。今度は当該管理部門が自社グループ傘下の船舶管理会社に対して同様の説明を実施し，協力を得る必要があります。さらには，海運という業種の特徴として，船員の管理それ自体はマンニング会社が実施していることが多いため，マンニング会社に対しても同様の説明を実施し，協力してもらう必要があります。したがって，マンニング会社を通じて，初めて本社の人権デュー・ディリジェンスの所管部署は船員に対する調査を実施することが可能になるのです。

上記はあくまでも一例であり，かつ，海運会社という特殊なビジネスモデルであるがゆえの複雑さもあるでしょう。しかしながら，一般事業会社においても海外の子会社や孫会社に対して人権デュー・ディリジェンスを実施しようとすると，多様な当事者との調整が発生することは容易に想像されます。当事者が多くなれば，それだけ必要な関係各部の巻き込みや調整に多大な時間を要し，当初計画した時間軸では進められない場合も多いでしょう。

この例でいうと，船員に対して直接アンケート調査やインタビューを実施することは次年度に持ち越して，直近では実現可能性のある方法を選択し，人権の影響評価の一歩を着実に踏み出すという企業実務に即した視点が必要になります。

ⅱ）人権に対する影響評価の３つのレベル

このような企業の実情に即したのが，前掲図表３-７の人権に対する影響評価の３つのレベルになります。この図表は人権に対する影響評価の主な実施内容とその対象先（ステークホルダー）ごとに，実施するレベル感を分けているのが特徴です。

ａ．レベル１：セルフ・アセスメント

一般的に公表されているNGOのレポート，業界団体のレポート，各種データベースが示す国やインダストリーごとの人権リスク，他社動向等の情報をデスクトップ調査を通じて収集し，想定される人権への負の影響を広く把握する方法です。セルフ・アセスメントは人権デュー・ディリジェンスを初めて実施する企業や所管部署がいきなりアンケート調査やインタビューを実施することが難しい場合に実施するのが一般的です。

また，セルフ・アセスメントへの取組みは，自社に関連しそうな人権リスクを広く特定することにより，アンケート調査やインタビューにおいて何を重点

的に調査すればよいかを明らかにし，社内の関係各部との調整において特に重点的にクリアしておくべき点をあらかじめ整理しておく観点からも有用です。先の海運会社の事例に当てはめると，そもそも船員に付随する人権リスクとしてどのようなものがありそうなのかをハイレベルで確認することが，これに該当します。

b．レベル２：リスク・アセスメント

関連部署に人権の影響評価を実施することを企図しています。先の海運会社の例に当てはめると，船員に対して直接的にアンケート調査やインタビューを実施する前段階として，船舶管理会社やマンニング会社に対して影響評価を実施することが，これに該当します。関係部署が認識している人権リスクを評価する，と言い換えるとわかりやすいかもしれません。セルフ・アセスメントを通じて把握した人権リスクを関係部署が認識しているか，関係部署がそもそも認識している人権リスクは何か，それらリスクを適切に管理できているか，顕在化したリスクに対してどう対応したか，といったことを本社の人権デュー・ディリジェンスの所管部署が調査します。人権はあくまでも個人に帰属し，尊重すべきは個人の人権ですが，従業員等にいきなりアプローチすることが難しい場合にリスク・アセスメントを関係部署に対して実施し，企業の人権マネジメントの浸透度合いを評価するのが効果的です。

c．レベル３：インパクト・アセスメント

従業員等，人権のステークホルダーに対して直接的に影響評価を実施します。人権の負の影響のインパクトを受けるのは個人である，よって，個人に対するインパクトを評価する，という趣旨でインパクト・アセスメントと呼称しています。先の海運会社の例では，船員に対して直接的にアンケート調査やインタビューを実施することが，これに該当します。

OECDガイダンスの第Ⅱ部「デュー・ディリジェンスのプロセス」及び国連指導原則の原則17(c)が規定するとおり，人権デュー・ディリジェンスは定期的かつ継続的に実施することが大原則となっています。そのため，１年目から人権デュー・ディリジェンスの影響評価として「インパクト・アセスメント」を実施することが難しい場合は，「セルフ・アセスメント」や「リスク・アセスメント」といった手法を通じて人権に対する影響評価にまずは着手し，素地が整った2年目以降に「インパクト・アセスメント」に移行することが合理的だと考えられます。

iii）自社の事業活動に関連するステークホルダーの把握

a．アセスメント対象とするステークホルダーの特定

3つのレベルのアセスメントの詳細は後述しますが，人権に対する影響評価の実施にあたっては，そもそも，どのステークホルダーを対象とすべきかを特定する必要があります。ここでは，各種アセスメントの前提となるステークホルダーの把握方法について解説します。

前述の海運会社の例では，すでに船員を人権に対する影響評価の実施対象とすることが明確になっていましたが，人権デュー・ディリジェンスに初めて着手する企業の多くは，影響評価の対象とすべき範囲を定められず，どこから着手したらよいのかがわからない状態であることも想定されます。そのような場合は，自社のバリューチェーンを構成するフェーズごとに関連するステークホルダーを棚卸しするところから着手する必要があります。

ここでは，エアコン製造事業を主要ビジネスとする架空のA社をモデルとして，自社のバリューチェーンを構成する関連ステークホルダーの棚卸しについて解説します。

A社は，エアコン製造事業を主要ビジネスとする日本の上場企業です。日本国内に複数の子会社を有しており，グループ一体となって商品開発・設計から商品販売後のアフターメンテナンスまで一気通貫で対応しています。製造自体は国内工場で実施していますが，製造に必要な部品は中国やベトナムといった国々から調達しており，その調達網はアジア諸国を中心に広がっています。A社で製造されたエアコンの販売は代理店契約を締結する販売店を通じて販売されるケースが多く，国内のみならずアジア・ヨーロッパ・中東といった幅広い国・地域で販売されています。

A社のバリューチェーンを分解すると，図表3-8のように整理できます。A社の場合，商品開発と設計を自社とグループ会社で行っており，ステークホルダーも国内の自社またはグループ会社の従業員にほぼ限定されるため，「1．従業員（自社単体）」，「2．従業員（グループ会社）」の欄のみに•がついてい

図表3-8　自社の事業活動に関連するステークホルダーの把握

人権に対する影響を受けるステークホルダー		国内	海外	バリューチェーン				
				エアコン製造事業				
				商品開発・設計	製造	販売	使用・廃棄	サポート・メンテナンス
				関連するステークホルダー				
				自社単体 グループ会社	自社単体 グループ会社 サプライヤー	自社単体 グループ会社 協力会社	自社単体 グループ会社 協力会社 顧客	自社単体 グループ会社 協力会社
1	従業員（自社単体）	✓	−	•	•	•		•
2	従業員（グループ会社）	✓	−	•	•	•		•
3	顧客（法人・従業員）	✓	（販売拠点）アジア・ヨーロッパ・中東等			•	•	•
4	顧客（個人・消費者）	✓	（販売拠点）アジア・ヨーロッパ・中東等			•	•	•
5	サプライヤー・従業員（原材料・部品）		中国・ベトナム等アジア圏		•			
6	協力会社・従業員	✓	（代理店）アジア・ヨーロッパ・中東等			•		•
7	地域住民／自然環境	✓	製造国／販売国		•		•	

（出典：KPMGにて作成）

ます。

最終製品は自社やグループ会社の工場で製造しますが，部品は海外のサプライヤーから調達しています。そのため，製造過程においては，自社・グループ会社の従業員をはじめ，サプライヤーやその従業員，製造拠点の地域住民が主なステークホルダーとして挙げられます。

販売は主に協力会社が行っていることから，グループ会社の従業員のほか，販売会社やその従業員，そして製品を購入する個人・法人の顧客がステークホルダーです。

使用フェーズでは製品に不具合が発生した場合，健康被害等を受ける可能性があることが想定され，顧客が主なステークホルダーになります。廃棄時の公害や環境負荷を勘案する場合，地域住民や自然環境にも影響が及ぶことを示しています。サポート・メンテナンスは同社のケースでは協力会社に委託しているため，販売フェーズと類似した結果となります。

b．優先的に対応すべきステークホルダーにかかる考え方

OECDガイダンスは，企業のビジネスに関連するあらゆるステークホルダー[19]を人権デュー・ディリジェンスの対象にするべきとの期待を示しています。

同ガイダンスでは，「デュー・ディリジェンスの対象となるビジネス上の関係」を「企業のあらゆる種類のビジネス上の関係先を対象とする。すなわち，企業の事業，製品またはサービスに関連するサプライヤー，フランチャイジー，ライセンシー，合弁企業，投資家，クライアント，請負業者，顧客，コンサルタント，財務，法律及びその他のアドバイザーならびにその他の非政府組織体または政府組織体」と説明しています。一言でいえば，企業のバリューチェーンで関連する全ステークホルダーがそれに該当します。

また，国連指導原則の原則17は，企業が責任を持って対処すべき人権の負の影響の範囲のなかに，自社が人権侵害の直接の原因となる場合のみならず，負の影響を間接的に助長する場合や第三者との関係を通じて実質的に人権侵害に加担してしまう場合を明示的に含めています。したがって，必然的に人権デュー・ディリジェンスの対象範囲には自社グループの従業員のみならず取引関係や委託契約等に代表される「第三者」との関係性が包含されます。

あるべき姿としては，OECDガイダンスや国連指導原則が示すとおり事業活動に関連する全ステークホルダーを対象に人権デュー・ディリジェンスを実施することが求められます。一方で，企業の資源は有限であり，人や時間等の限られたリソースを鑑みると，バリューチェーンをすべてカバーし全部のステークホルダーを一度に網羅することは実務上困難です。したがって，人権に対して負の影響が生じている可能性が高いステークホルダーや，自社にとって戦略的に重要なステークホルダーから優先的に人権デュー・ディリジェンスを実施し，何年かのサイクルをもって全ステークホルダーを網羅することが現実的です。

どのステークホルダーを優先すべきかについては，セルフ・アセスメントの

結果を踏まえて，自社のバリューチェーン上，最も人権リスクが高いと想定されるステークホルダーを抽出するという方法があります。詳細は次項で詳述しますが，セルフ・アセスメントはインダストリーや国・地域といったあらゆる観点で人権リスクの高低をハイレベルで把握することが可能です。

また，実務的な人権マネジメントの観点を踏まえると，まずは自社のガバナンスが及ぶ先から，人権に対する影響評価を実施するということも一般的に受け入れられています。自社のガバナンスが及ぶ範囲としてまず挙げられるのは自社グループの従業員です。また，自社の１次サプライヤーも自社が選定できるという点ではコントロール可能であり，一定のガバナンスを効かせることも可能です。この考えに則れば，図表３-８の例に示す「商品開発・設計」，「製造」，「販売」に関連するステークホルダーは，少なくとも影響評価の対象となるでしょう。

いずれにせよ，自社の事業活動においてどのようなステークホルダーが関与しているのかを網羅的に把握できなければ，人権影響評価を実施するための出発点にも立てません。そのためには図表３-８で示すようなマッピングを活用し，バリューチェーンのフェーズごとに関連性のあるステークホルダーを可視化することが有効です。

ⅳ）セルフ・アセスメント

人権影響評価に初めて着手する企業であれば，事業活動に関連する人権リスクへの理解を深めることを目的に，社内外の資料やデータを活用したデスクトップ・ベースの調査を通じて，人権に対する負の影響を広く把握しておくことが有用です。KPMGでは，このような取組みを「セルフ・アセスメント」と呼称しています。

前述のとおり，人権デュー・ディリジェンスを初めて実施する企業や所管部署がステークホルダーに対していきなりアンケート調査やインタビューを実施するのが難しい場合は，セルフ・アセスメントから始めることが一般的です。セルフ・アセスメントに取り組むことによって，自社に関連しそうな人権リスクを広く特定することができるため，社内の関係各部との調整において特に重点的にクリアしておくべき点をあらかじめ整理し，アンケート調査やインタビューにおいて何を重点的に調査すればよいかを明らかにすることが可能です。

また，そもそもバリューチェーン上でどのステークホルダーを優先的に影響評価の対象先とすべきかを検討するうえでも，セルフ・アセスメントへの取組みは重要です。

以下では，セルフ・アセスメントとして調査が推奨される人権リスクの種類と，調査に際して参考となる資料等について解説します。

ａ．調査が推奨される人権リスクの種類

セルフ・アセスメントにて調査が推奨される人権リスクとは，OECDガイダンスが示す４種類のリスクです。具体的には，「セクターリスク」，「製品・サービスに関するリスク」，「地理的リスク」，「企業固有のリスク」が該当します。

OECDガイダンスに基づくと，セクターリスクとは「そのセクターの特徴，活動，製品及び製造工程に起因するものであり，そのセクター内で世界的に広くみられるリスク」，製品・サービスに関するリスクとは「特定の製品・サービスの開発又は利用において使われる原材料等又は開発・製造工程に関連するリスク」，地理的リスクとは「セクターリスクの可能性をさらに高めると考えられる，特定の国における状態」，企業固有のリスクとは「過去の不祥事や企業文化の欠如等，特定の企業に関連するリスク」と説明されています。

ｂ．調査に際して参考となる資料等

セルフ・アセスメントでは，上記ａの４種類のリスクを社内外の資料やデータを活用しながら調査します。調査にあたって活用できる社内資料としては，通報・相談窓口に寄せられた事案の内容，従業員向けに実施しているコンプライアンス調査や従業員満足度調査の結果，内部監査での指摘事項等が挙げられます。

また，社外資料としては，国際機関，各国政府，NGO，人権団体，業界団体，専門調査機関等が発行している有料・無料のさまざまな報告書やデータベース等が挙げられます。

以下では，各リスクを調査するにあたって，参考となる資料の一例を解説します。

【セクター及び製品・サービスに関するリスク】

セクター及び製品・サービスに関する人権リスクを把握するためには，セク

ター固有の原材料に内在する人権リスクや製造・開発工程に内在する人権リスク，同業他社が過去に人権に関連して引き起こした不祥事や事故等を調査することが一般的です。

原材料に関する人権リスクの調査においては，Maplecroft[20]等に代表される有償のデータベースも多く活用されますが，有償のデータベースにアクセスできない場合は，無料で広くアクセス可能な情報源を使用することも可能です。

例えば，アメリカの労働省は，児童労働及び強制労働を通じて生産／製造された可能性が高いリスト（List of Goods Produced by Child Labor or Forced Labor）[21]を隔年で公表しています。最新のリストは2022年９月に公表されており，児童労働，強制労働，またはその両方を通じて生産された可能性のある158の製品（77ヵ国）について説明が付されています。一例として化粧品等によく使用される鉱物のマイカを調べると，インド産とマダガスカル産のものが，ともに児童労働リスクが高いと記載されています。仮に，自社製品の製造において，マイカを使用している場合は，調達先の商社等を通じてその原産地を確認することが急務といえるでしょう。

特定の原材料に内在する人権リスクのみならず，自社インダストリーに内在する人権リスクを広く把握したい場合は，国連やNGO等が公表する資料が参考になります。参考資料の一例としては，国連環境計画・金融イニシアチブ（UNEP FI）が公表する「Human Rights Guidance Tool for the Financial Sector」[22]が挙げられます。

本ガイダンスは，金融機関が人権リスクの観点から自社の投融資ポートフォリオを分析するための参考資料として策定されました。ビジネスで主要な10セクター（農業と漁業，化学と製薬，林業，製造業，インフラストラクチャー，鉱業，石油とガス，発電，サービス，公共事業）に関連する人権リスクが詳細に解説されているため，金融機関以外の一般事業会社としては，自社が分類されるインダストリーの記載内容を確認することで，セクターに内在する人権リスクの全体像を把握することが可能です。

例えば，「化学と製薬（Chemical and Pharmaceuticals）」セクターには，塗料，医薬品，肥料，殺虫剤，その他の農業化学品，アニマルヘルス製品等に関連する企業が該当すると説明されています。そして，負の影響が懸念される人権リスクとしては，「健康と安全（Health and Safety）」，「児童労働（Child Labour）」，「製品の責任（Development, testing and use of products）」，「責任あるマーケティングと情報への自由（Responsible marketing and freedom of information）」等が挙げられており，懸念される具体的な負の影響[23]についても説明が付されています。

また，同業他社が過去に人権に関連して引き起こした不祥事や事故等を把握するには，日経テレコンやRepRisk[24]等に代表される有償のデータベースの活用が一般的ですが，広くアクセス可能な情報源を活用する場合には，NPO団体のホームページ[25]から関連記事を検索することが方法の１つとして考えられます。

【地理的リスク】

地理的な人権リスクとして把握すべき内容は，大別すると２種類に分けられます。１つは人権に関連する国家の法的枠組（国連やILO等の国際条約の批准状況及び条約の国内法化の状況）や人権に関する国家の政策の状況です。もう１つは，各国・地域における児童労働や強制労働の発生数といった，すでに顕在化している人権リスクです。地理的リスクの調査に関しても，原材料に内在する人権リスク調査と同様にMaplecroft等に代表される有償のデータベースを活用することが有用ですが，そのようなデータベースにアクセスできない場合は，広く一般に公開されているデータベース[26]レポート等の情報を活用します。

例えば，アメリカの国務省は，国連加盟国の人権に関する調査報告書（Country Reports on Human Rights Practices）を毎年公表しています[27]。ビジネスと人権に関する項目については，女性への差別とセクシュアルハラスメント，雇用における差別，労働者の権利等に関する法整備の状況や実態について詳細に報告されています。一例として，ラオスの労働者の権利に関する2021年の報告[28]では「政府組織以外の労働組合を結成・加入する権利は法令上規定されておらず，外国人は労働組合への参加が禁止されている」，「雇用において性的指向や性的自認に対する差別は公的に報告されていないが，社会的な影響を懸念し声を上げられない」等の状況が報告されています。

また，労働に関する統計データをまとめたウェブサイト，ILOSTAT[29]を参照することで，労働環境の実態を定量的に把握することが可能です。

例えば，賃金における差別についての情報を調べたい場合には，同サイトで「ジェンダーの平等（Gender Equality and Non-Discrimination Indicators）」と「賃金（Earnings）」を検索すると，「性別，世帯タイプ，子供の有無別の賃金の状況」や「職種別のジェンダーギャップ」等の国別データを入手することができます。調達国が複数ある場合は，同等の条件で調査対象国間を比較することも可能です。

その他，国連人権理事会が各国連加盟国の人権尊重の状況について定期的に行うレビュー（Universal Periodic Review）[30]の状況や，OHCHR（国連人権高等弁務官事務所）が各国の人権関連情報をまとめているHP（Universal Human Rights Index）[31]等も，地理的リスクを把握するためには有効です。

【企業リスク】

自社に関する固有のリスクを抽出するにあたっては，過去に発現した，または現在対応中の人権への負の影響を調査することが有効です。例えば，通報・相談窓口（社内に限定せず，社外に開かれた通報窓口や，例えばお客様相談窓口といったチャンネルも含みます）に寄せられた人権に関連する事案内容，従業員向けに実施しているコンプライアンス調査や従業員満足度調査の結果，内部監査での指摘事項等から把握することができます。企業全体としてのリスク管理項目において人権に関するリスクが包含されているようであれば，それを抽出することも考えられます。

一方で，内部情報が入手できない社外組織のリスクに関しては，ニュースソース等を検索し，調査することは可能ですが，膨大な数の取引先一社一社に対して実施することは現実的ではないため，代表的な取引先を選定して調査を行うか，前述のセクター及び製品・サービスに関するリスクで補完するのがよいでしょう。ニュースソース等で明らかになったリスクはすでに顕在化している可能性が高いため，特に注視すべきリスクといえます。

セルフ・アセスメントで抽出したリスクはⅲ）で図示した図表３-８の•に当てはめて分析するとさらにその意義が深まります。各リスクがバリューチェーンのどの部分で発生する可能性があり，どのステークホルダーに影響を及ぼすかを整理することが重要です。

デスクトップ・ベースのセルフ・アセスメントは自社の事業における人権リスクの全体像を把握するために重要なステップであり，人権に対する影響評価を行っていくうえでの基礎データとなります。

一方で，机上のデータはあくまでも一般的な内容に留まり，実態との乖離がないとは言い切れません。人権デュー・ディリジェンスへの取組みを年々深化していく過程では，セルフ・アセスメントだけを通じて人権リスクを把握するのではなく，ステークホルダーの実態把握に資するアプローチに移行していくことが肝要です。

ｖ）リスク・アセスメント

人権に対する影響評価のあるべき姿は，ステークホルダーに直接アプローチすることですが，直接アンケート調査やインタビューを実施することが難しい場合は，ステークホルダーを管轄する部署や関連会社等の担当者にヒアリングを実施したり，ワークショップを開催したりして，人権に対する負の影響を把握・特定する方法が有効です。関係部署が認識している人権リスクを評価する，という意味合いから，KPMGではこのような手法を「リスク・アセスメント」と呼称しています。

リスク・アセスメントの実施は，「ａ．ヒアリングを実施する対象部署の特定」，「ｂ．ヒアリング実施方法の検討」，「ｃ．ステークホルダーの実態把握に資する適切なヒアリング項目の策定」という３段階に分けられます。以下では，それぞれのステップの概要や留意すべきポイント解説します。

ａ．ヒアリングを実施する対象部署の特定

リスク・アセスメントを実施するにあたって留意すべき最初のポイントは，最終的に（インパクト・アセスメントを通じて）直接アプローチしたいステークホルダーを念頭に，各ステークホルダーに紐付く関連情報を社内のどの部署が把握しているのかを見極め，特定することです。

例えば，「従業員」及び「調達先」が，それぞれ最終的に直接アプローチをしたいステークホルダーである場合は，ヒアリング対象先としては以下のような部署が想定されます。

【最終的にアプローチしたいステークホルダーが「従業員」の場合】

従業員に関するさまざまな情報を体系的に把握している人事部やダイバーシティ推進室等が，リスク・アセスメントのヒアリング対象先として想定されます。また，従業員に対する人権影響評価の範囲には，契約社員・派遣社員・アルバイト等も当然に含まれるため，派遣会社等との兼ね合いでいえば総務部等

にヒアリングを実施することも考えられます。

【最終的にアプローチしたいステークホルダーが「調達先」の場合】

調達先との取引関係を統括している調達統括部やサプライチェーン推進本部等がリスク・アセスメントのヒアリング対象先として想定されます。なお，調達機能を本社サイドに集約しておらず，各事業部門のなかで対応している場合は，事業サイドの調達担当にヒアリングすることも必要になります。

このほかにも，子会社や海外グループ会社の従業員の労務管理状況，工場における労務管理状況，海外グループ会社における人権関連法令への対応状況等を行っている関係部署の把握も必要と考えられます。その場合，ヒアリング対象先としては，リスク管理部，環境安全部，法務部，経営企画部等が想定されます。ヒアリングを実施する対象部署は，やみくもに増やせばよいというわけではありませんが，人権は企業のさまざまな部署の業務に関連するため，網羅的に情報を把握するためには，把握したい情報を有する関係部署や適任者を特定することが重要です。

b．ヒアリング実施方法の検討

リスク・アセスメントを実施するにあたって留意すべき２つ目のポイントは，自社の状況に応じてヒアリングの実施方法を検討することです。大別すると，ヒアリングの実施方法は２種類に分けられます。

１つは，サステナビリティ推進室等に代表される人権デュー・ディリジェンスの所管部署が，ヒアリング対象の各部署に個別にアプローチを行い，人権に対する影響評価の趣旨を説明したうえで，必要な情報をヒアリングする方法です。

もう１つは，人権デュー・ディリジェンスの所管部署が事務局を務めつつ，人権に関連する各部署の担当者を集めてタスクフォース（以下，TF）やワーキング・グループ（以下，WG）を組成し，TFやWGのミーティングにて協議を通じて実施する方法です。後者の方法を図式化すると，図表３-９のように整理されます。

図表3-9　部門横断的な人権に関するワーキング・グループの組成

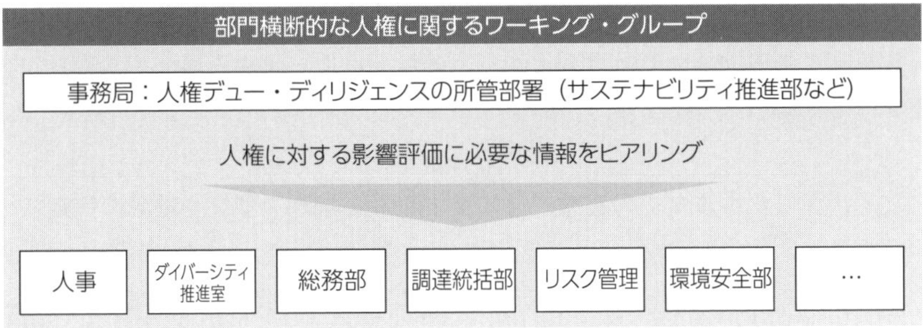

部門横断的な人権に関するワーキング・グループ

事務局：人権デュー・ディリジェンスの所管部署（サステナビリティ推進部など）

人権に対する影響評価に必要な情報をヒアリング

人事	ダイバーシティ推進室	総務部	調達統括部	リスク管理	環境安全部	…

（出典：KPMGにて作成）

どちらの方法が自社にとって適切かは，各企業の人権の管理体制によって異なるため，自社の状況を踏まえて判断する必要があります。もっとも，ステークホルダー視点に立って，より実効性の高い影響評価を実施するためには，関連部署それぞれの立場の意見をもとにした多角的な議論を展開できる後者のほうが，より好ましいと考えます。企業を取り巻くステークホルダーは多岐にわたるため，事業活動のなかで人権に関連する業務を担う部署はさまざまです。したがって，人権という切り口から横断的なTFやWGを組成し，各部署それぞれの立場からの意見／コメントを集約する方法は合理的といえます。

ちなみに，後者の方法は2014年に国連グローバル・コンパクトが公表した企業における人権管理体制を考察したペーパー（Organizing the Human Rights Function within a Company）[32]で示されている管理体制の１つに基づくものです。

本ペーパーでは，このような体制を「部門横断的なワーキング・グループ（Cross-functional working groups）」と呼称しており，「関連するビジネス・ファンクションを参集し，集合的なプラットフォームとして企業の人権リスクを把握し，管理する」[33]ことを目的にすると説明されています。

特に，人権に対する影響評価に関しては，「WGは，実務レベル（operational-level）における人権に対する影響評価プロセスや，それに伴い割り振られるWGメンバー個人のタスクの監督，そして事業部門のミーティングの調整等の役割を担うことも想定される。」と言及がなされており，部門横断的なワーキング・グループとして人権に対する影響評価に関与すべきと示唆されています。

人権は，その課題の種類や内容に応じて，関連部署の関与の大きさが異なったり，同じ人権課題であっても各部署によって意見やスタンスが異なったりする複雑なテーマです。そのため，ステークホルダー視点を意識しながら，関連部署それぞれの立場の意見をもとに多角的な観点から議論を展開することが必要不可欠です。

c．ステークホルダーの実態把握に資する適切なヒアリング項目の策定

リスク・アセスメントを実施するにあたって留意すべき最後のポイントは，ステークホルダーの実態把握に資する適切なヒアリング項目を策定することです。

ヒアリング項目の具体的な内容は，企業のインダストリーの特徴，ビジネスモデル，事業展開する国／地域の状況等によって異なりますが，ヒアリングのベースとなる考え方は，各社共通で「人権マネジメントに関する認識や運用体制」と「個別の人権課題」という２つの切り口から尋ねることが一般的です[34]。

【人権マネジメントに関する認識や運用体制に関するヒアリング】

「人権マネジメントに関する認識や運用体制」に関しては，PDCAに沿った「戦略／方針」，「体制」，「施策」，「KPI」を尋ねるマネジメントシステムの考え方に，国連指導原則が求める３要件の各視点を織り込むことがポイントです。ヒアリング視点として整理すると，図表３-10のように体系化できます。

実際に関係部署にヒアリングをする場合は，自社の人権に対する取組みの成熟度に合わせながら，具体性のある質問項目にすることが肝要です。

【個別の人権課題に関するヒアリング】

もう１つの切り口である「個別の人権課題」についてヒアリングする際は，国連指導原則の原則12で言及されているとおり，最低限，国際人権章典で表明されている人権課題及びILO宣言で挙げられている基本的な人権課題を網羅することが肝要です。

なお，国際人権章典等が策定された当時と現在では，人権尊重にかかる基本的な構図が異なるため，個別の人権課題についてヒアリングする際には，各人権課題をビジネスの文脈のなかで解釈する必要があります。

各人権課題の企業実務視点に基づく解釈に関しては，アカデミアによる研究等が参考になります。一般にアクセス可能な文献の１つとしては，モナシュ大学（オーストラリア）のCastan Centre for Human Rights LawがOHCHR（国

図表３-10　人権マネジメントに関する認識や運用体制に関する調査項目例

1	人権に対するコミットメント／人権に対する意識	1-1	担当業務や担当領域における人権イシューに関する認識，人権に関連する業務内容の詳細
		1-2	独立した人権方針を策定している場合は，担当業務や担当領域の視点に基づく社内における浸透状況の評価
		1-3	担当業務や担当領域にて管轄する諸規定における人権への言及状況及び諸規定の運用の実態
2	ガバナンス及び運用体制	2-1	人権にかかる取組みの管掌役員や部門長に対する定期的な報告
		2-2	担当業務や担当領域における人権に関連する取組みを担う担当者の責務／役割
3	人権デュー・ディリジェンス及び人権に関する各種施策	3-1	担当業務や担当領域で関連するステークホルダーの人権に対する負の影響を把握・確認する調査等の実施有無
		3-2	担当業務や担当領域において認識・把握する人権に対する負の影響の状況または懸念する人権に対する負の影響
		3-3	担当業務や担当領域において認識・把握した人権に対する負の影響への施策や対応の実態
4	救済へのアクセス・是正	4-1	担当業務や担当領域のなかで人権侵害を把握する手段と把握した際の対処方法
		4-2	担当業務や担当領域のなかで過去発生した事案等
5	人権に関する目標や指標	5	担当業務や担当領域のなかで設定している人権に関連する目標や指標

(出典：KPMGにて作成)

連人権高等弁務官事務所）及び国連グローバル・コンパクトと共同で2017年に発表した「Human Rights Translated 2.0 – A Business Reference Guide」[35]が挙げられます。本ガイドでは，国際人権規約の各条項を，ビジネスに対するインプリケーション[36]の観点から説明しています。

また，日本語で発行されている資料としては，法務省の人権擁護局／公益財団法人 人権啓発推進センターが2021年に公表した「今企業に求められる『ビジネスと人権』への対応【詳細版】」報告書[37]が参考になります。

本報告書では，「企業が尊重すべき人権の分野」として「過剰・不当な労働時間」，「児童労働」，「結社の自由」，「社会保障を受ける権利」といった，いわゆる伝統的な人権課題だけでなく，「テクノロジー・AIに関する人権問題」や，「環境・気候変動に関する人権問題」等に代表されるような現代社会における新しい人権問題や，「贈賄・腐敗」[38]といった人権と密接に関連する領域に関しても説明が付されています。

図表３-11は，法務省の報告書が「企業が尊重すべき人権の分野」として定義する項目を再整理した表です。これらの項目は「世界人権宣言」，「国際人権規約」，「ILO中核的労働基準」，「国連グローバル・コンパクトの10原則」，

図表３-11　企業が尊重すべき代表的な人権（法務省の報告書をもとにKPMGにて再整理）

1	賃金の不足・未払，生活賃金
2	過剰・不当な労働時間
3	労働安全衛生
4	社会保障を受ける権利
5	ハラスメント（パワーハラスメント・セクシャルハラスメント・マタニティハラスメント／パタニティハラスメント・介護ハラスメント）
6	強制的な労働
7	居住移転の自由
8	結社の自由
9	児童労働
10	プライバシーの権利
11	消費者の安全と知る権利
12	差別
13	表現の自由
14	救済へアクセスする権利

特に企業が留意すべき人権問題	特に企業が留意すべきステークホルダー	人権に密接に関連する課題
•テクノロジー・AIに関する人権問題 •ジェンダー（性的マイノリティを含む）に関する人権問題 •サプライチェーン上の人権問題 •環境・気候変動に関する人権問題	•外国人労働者の権利 •先住民族・地域住民の権利	•知的財産 •贈賄・腐敗

（出典：今企業に求められる『ビジネスと人権』への対応【詳細版】をもとにKPMGにて作成）

「OECD多国籍企業行動指針」,「ISO26000」を拠り所として導出されています。なお，社会環境の変化とともに企業が関係する人権リスクは多様化しているため，既存の国際的規範を参照するのみならず，ビジネスと人権に関する最新の議論を踏まえることには，留意が必要です。

下記では，図表３-11に基づいて，人権課題に関するヒアリング項目の一例として，最終的にアプローチしたいステークホルダーが「従業員」で，「人事部」に「過剰・不当な労働時間（図表３-11の**2**）」についてヒアリングする場合と，最終的にアプローチしたいステークホルダーが「調達先」で，「調達統括部（本社サイド）」に「強制的な労働（図表３-11の**6**）」についてヒアリングする場合の２つのケースを取り上げます。

例①　人事部に「過剰・不当な労働時間」についてヒアリングする場合

☑　人事部として，実態として労働時間に見合った適切な休日や有給休暇が付与され，かつ消化されていることを管理していますか。例えば，休日や有給休暇にもかかわらず，会食やゴルフ，地域イベントへの参加等，業務時間外の行事への参加を強要しているようなことを見聞きしたことはありませんか。

☑　有給休暇の取得に際し，事情の説明なく断ったり，しつこく休暇の理由を求めたりといった実態の発生を見聞きしたことはありませんか。

☑　直近１年間のなかで，従業員から過重労働に関する通報等はありましたか。該当がある場合は，その通報事案に対して講じた救済措置や通報を受けて人事部として検討している全社的な人事施策の詳細についてお聞かせください。

など

例②　調達統括部に「強制的な労働」についてヒアリングする場合

☑　調達先における技能実習生や特定技能実習生等の雇用の有無は確認していますか。

☑　仮に，そのような形態での雇用がある場合は，実習生の雇用条件，寮や社宅の居住空間としての適切性，雇用に際する仲介手数料や保証金等の類の徴求の有無等といった内容に問題がないことを，調達先とのコミュニケーションを通じて確認していますか。

☑　調達先の工場に，現地監査等で訪問する機会は定期的にありますか。その際に，工場に勤務する従業員のトイレへのアクセスが制限されていたり，就業後の自由な移動が制限されていたりという事態がないことを確認していますか。

など

上記はあくまでも一例であり，当然，自社のビジネスモデルやインダストリーの特徴等に応じてヒアリングすべき要点は異なります。実際に，リスク・アセスメントを実施する際には，人権デュー・ディリジェンスの所管部署となる事務局内で十分に議論を重ね，ステークホルダーの実態把握に資する適切な項目を検討することが肝要です。

このように，ステークホルダーに対して直接アンケート調査やインタビューを実施することが難しい場合は，リスク・アセスメントを通じて，間接的に人権に対する負の影響を評価することが有効です。仮に，ステークホルダーに直接アプローチすることが困難であることを理由に人権デュー・ディリジェンスの最初のステップである人権影響評価の実施を取り止めてしまうと，潜在的な人権への負の影響が放置されることとなり，人権侵害の助長につながる恐れが想定されます。

企業の人権マネジメントに投入可能なリソース状況は個社によって異なりますが，社内の関係部署に対するヒアリングであれば，比較的実施しやすいことが想定されます。人権デュー・ディリジェンスの最初の一歩になかなか踏み出せていない企業こそ，上記で解説した留意すべき３つのポイントを踏まえつつ，リスク・アセスメントを通じて人権に対する影響評価に着手することが推奨されます。

vi）インパクト・アセスメント

インパクト・アセスメントは，最もオーソドックス，かつ，あるべき姿の人権に対する影響評価の方法で，ステークホルダーに直接アンケート調査やインタビューを通じて実施します。人権の負の影響のインパクトを受けるのは個人である，よって，個人に対するインパクトを評価するという趣旨でインパクト・アセスメントと呼称しています。

アンケートでもインタビューでも基本的な流れは共通で，図表３-12で示す４ステップに収斂されることが一般的です。

インパクト・アセスメントは，人権影響評価の実施対象となるステークホルダーへの直接的なアプローチが前提となるため，実施に際しては前述のとおり，対象とするステークホルダーの明確化と優先順位付けが必要です。

対応の優先順位は各社によって異なりますが，本項では一般的に対応の優先順位が高いとされる「従業員」及び「調達先」を例として，図表３-12で示す

図表３-12　インパクト・アセスメントの基本的な流れ

1	実現可能性のあるアセスメント実施に向けた論点の整理
2	アンケート調査項目／インタビュー項目の策定
3	アンケート調査票の配布／インタビューの実施
4	アンケート調査／インタビュー結果の分析及び今後の対応策の検討

（出典：KPMGにて作成）

４つのステップを概説します。

ａ．ステップ１：実現可能性のあるアセスメント実施に向けた論点の整理

本ステップでは，アンケート調査やインタビューをスムーズに実施するために，調査に付随するさまざまな論点を事前に洗い出し，整理します。

例えば，インパクト・アセスメントとして「従業員」に対するアンケート調査の実施を計画している場合，あるべき姿としては，本社や主要拠点の従業員だけでなく，グループの海外子会社で働く従業員等も含めた全従業員を対象に一斉に調査することが望まれます。そのためには，人権に関するアンケート調査実施の旨を全社的に周知したり，各拠点でアンケートを取りまとめる担当者をアサインしたり，アンケート調査票を英語または各国の言語に翻訳したりするアクションが考えられます。一方で，人権デュー・ディリジェンスの事務局となる所管部署のリソースは無尽蔵にあるわけではないため，インパクト・アセスメントの対応１年目から，それらすべてに取り組むことは極めて難しいことが想定されます。

人権デュー・ディリジェンスは定期的かつ継続的な実施を前提としています。人権デュー・ディリジェンスに定期的かつ継続的に取り組む過程のなかで，漸次的にその実施手法を高度化させることを基本とするならば，必ずしも対応１年目からあるべき姿として求められる対応すべてを網羅する必要はありません。自社のリソースや状況を鑑みながら実現可能な方法を検討し，スモールスタートであったとしても影響評価への着手を優先するほうが実務的には理にかなっているといえます。

実現可能なアセスメントのあり方とそれに付随して整理すべき論点は，各社によって当然異なりますが，共通事項はいくつか考えられます。例えば「調査の位置付け」，「調査の対象範囲」，「調査の実施時期」，「調査を実施するツール

やシステム」,「調査結果の共有やフィードバック」等です。以下では,「従業員」及び「調達先」に対して直接アンケート調査を実施するケースを例として,代表的な5つの論点について整理すべき内容の一部を解説します。

【「従業員」に対してアンケート調査を実施する場合】

●調査の位置付け

すでに従業員意識調査,ハラスメント調査,コンプライアンス調査等に代表される従業員向けのアンケート調査を実施している場合は,それらアンケートの調査項目のなかに人権関連の質問項目が含まれているかにつき確認し,インパクト・アセスメントとして実施を計画しているアンケート調査の趣旨・目的と重複がないか等をすり合わせる[39]必要があります。特に各調査を主管する部署が異なる場合は,各調査の位置付けや目的等を丁寧にすり合わせておくことが肝要です。場合によっては,人権に対する影響評価として新たなアンケート調査を実施せず,既存のアンケート調査項目を拡充することで人権デュー・ディリジェンスの目的を補える可能性も想定されます。

新たに人権に特化したアンケート調査を始めるべきか,または従業員向けの既存アンケート調査項目を見直すことで,従業員を対象とする人権に対する影響評価と位置付けるかについては,両パターンのpros/cons(長所/短所)を比較衡量のうえ,社内でよく検討することが望まれます。具体的にいうと,既存アンケートを活用する場合は,人権に特化したアンケート調査を新たに実施するのと比べて,回答者である従業員の回答負担や調査結果の集計・分析の手間を軽減できるという長所が挙げられる一方で,そのようなアンケート調査は,人権以外にも幅広いテーマを網羅していることが多いため,人権に割ける設問数は必然的に制限されるという短所が挙げられます。これとは反対に,新たに人権に特化したアンケート調査を始める場合は,柔軟に設問を設計できるという長所がある一方で,既存アンケートとの関係性の整理や実施タイミングの調整等,社内調整の負荷が増加することが短所として想定されます。

企業の実務上,どちらのパターンとも想定される対応のため,正解がどちらか一方ということではありません。例えば,ある日本企業は,人権関連の設問を含む従業員満足度調査を長年実施していましたが,改めて自社従業員の人権リスク状況を把握するために人権に特化したアンケート調査を実施しました。結果として,新たに導入したアンケート調査からも長年実施してきた従業員満足度調査を通して把握していた課題と同様の傾向が確認されたことから，次年度以降は人権リスクの観点から既存の従業員満足度調査の項目を拡充することで，従業員に対する人権デュー・ディリジェンスに対応するという結論に至っています。このように，一度トライしてみることで，今後の対応の方向性が明確になることも十分に考えられます。

●調査の対象範囲

インパクト・アセスメントとして初めてアンケート調査に取り組む場合は，１年目として調査する対象範囲[40]を検討する必要があります。想定される代表的な選択肢としては，本社のみ，本社＋国内全拠点，本社を含む国内全拠点＋国内主要グループ会社，本社を含む国内全拠点＋国内及び海外の主要グループ会社等が挙げられますが，１年目から国内外の全グループ従業員を対象として調査を実施できない場合は，課題を１つずつクリアし，数年間かけて最終的には連結グループ全体をカバーすることが現実的です。

従業員の範囲を単体とするのか，あるいは連結まで含めるのか，持分法投資まで含めるべきかといった論点は，従業員に対するアンケート調査を実施するうえで，議論になるポイントです。結論として，従業員向けアンケート調査の対象範囲は連結ベースでみる必要があります。実務上，まずは単体を対象先とし，次いで，国内の連結子会社，最後に海外の子会社といったように，順次対象範囲を拡大する企業は存在します。連結グループ全体に対して一斉に調査を実施できない理由はさまざまですが，例えば，グループ全体に対してリーチできる調査システムがないといった技術的な理由もあれば，そもそも海外子会社の協力が得られにくいといったガバナンス上の問題が理由となるケースもあります。

持分法適用会社は出資の形態に応じてケースバイケースで判断するのが一般的です。持分法投資とはいえ，自社がオペレーションにおいて相応に関与している場合には調査の対象先とする場合が多いのに対して，出資をしているだけ（経営陣も従業員も送り込んでいない）というケースでは実施を見送ることも考えられます。ただ，この場合であっても，株主として持分法適用会社の経営陣に対して人権の取組みをヒアリングするなど，リスク・アセスメントのアプローチを用いて株主としてリスクがないかを見ておく必要はあるでしょう。なお，持分法適用会社に対して調査を実施する場合には，株主間契約の内容次第では，持分法適用会社の経営陣を通じて他の株主の了解や協力を得るといったプロセスが必要となる場合があります。

また，よくある誤解として，従業員向けのアンケート調査は，正社員のみを対象とすればよい，というものがあります。これは誤りで，正社員だけでなく，契約社員，派遣社員，パート・アルバイト，インターンシップ等で雇用される学生等，直接雇用・間接雇用等にかかわらず，すべての就労形態の従業員が調査対象範囲となります。ESG評価機関等が人権に関する評価項目において，正社員以外の従業員の人権を尊重する体制となっているかを確認している背景は，この考え方に基づくものです。

これに加えて，常駐委託等従業員と同じ環境下で働いている業務委託先[41]の従業員も調査対象とすることが望ましい対応です。企業の施設内に勤務する従業員はその雇用形態にかかわらず，当該企業の指揮下にあるため，従業員の人権の負の影響の防止と軽減の責任はその企業に帰属するとみなされることが一般的です。したがって，常駐委託のケースのように同じ職場で働く以上，業務委託先従業員の人権は業務委託元の企業が尊重，保護する責任を負っており，委託元としては，業務委託先従業員の人権に対する負の影響を適切に把握・対応しておくことが肝要です。なお，業務委託先従業員に対する直接的な調査を実施する場合は，状況に応じて，業務委託先企業から人権に関する調査の実施にかかる同意をあらかじめ取得するなど，一定の配慮が必要になる点には留意が必要です。

●調査の実施時期

従業員に対する人権デュー・ディリジェンスの実施を定期的なイベントにするためにも，アンケート調査の実施時期はいつ頃が適切であるかを検討する必要があります。実施時期の一例としては，12月の人権週間に合わせて実施する，毎年定期的に実施している人権研修と同時期に実施する，既存のアンケート調査等との兼ね合いをみながら従業員の負担が比較的少なそうな時期に実施するなどの選択肢が考えられます。

●調査を実施するツールやシステム

どのようなツールやシステムを活用し，アンケート調査を実施するかについて検討する必要があります。すでに活用しているツールやシステムがある場合は，既存のツールやシステムを今回計画しているアンケート調査の対象範囲にも使用可能かを重点的に確認する必要があります。仮に使用できない場合は，代替としてどのようなツールやシステムの利用が可能かも併せて確認する必要があります。また，契約社員や派遣社員といった雇用形態の従業員が，正社員と同様に当該ツールやシステムにアクセスが可能であるかを確認しておくことも肝要です。

●調査結果の共有やフィードバック

従業員への調査結果のフィードバックや，当該調査の実施状況を外部に開示するために，どのような方法が適切であるかを検討する必要があります。従業員へのフィードバック方法の一例としては，グループ内で定例発信している社内通信に掲載する，従業員向けに個別のフィードバック・ミーティングを開催するなどが挙げられます。対外的な開示方法としては，統合報告書やサステナビリティHP等の開示媒体に掲載する，投資家向けのESG説明会で報告するなどの対応が考えられます。

【「調達先」に対してアンケート調査を実施する場合】

●調査の位置付け

調達先に対して調査を実施するにあたっては，サプライチェーン・マネジメントの一環として取り組まれることの多い「責任ある調達」との関係性を整理しておく必要があります。一般的な実務慣行に基づくと，調達先に対する人権デュー・ディリジェンスは，責任ある調達の取組みとして対応している企業が多いのが実情です。したがって，従業員に対するアンケート調査と同様に，人権デュー・ディリジェンスとして新たなアンケート調査は実施せず，既存の責任ある調達のアンケート項目を拡充することによって人権デュー・ディリジェンスの目的を補っている企業は，多く見受けられます。

従来，サプライチェーン・マネジメントにおいて重要視すべき管理項目はQCD，すなわちQuality（品質）・Cost（費用）・Delivery（納期）と認識されてきました。しかし，1990年代以降，急速な経済のグローバル化の進展とともに，環境破壊や人権侵害といった社会問題が顕在化しはじめると，これらの問題を引き起こしている企業に対する責任が問われるようになりました。具体的には，従来のQCD項目に加えて，人権や環境への対応状況を調達プロセスのなかで適切に確認することを通じて，社会問題を助長あるいはそれに加担しないよう努める一連の取組みがそれに該当します。このような取組みは，一般的に「CSR調達」と呼称されてきましたが，昨今では「CSR」という単語が想起させる範囲が限定的であることや，サプライチェーンのレジリエンス強化を図るうえでESGリスクへの対応の重要性が一段と増していることに鑑みて，企業実務の現場では，より広義の「責任ある調達」という表現が用いられる場面が増えています。人権デュー・ディリジェンスと責任ある調達の関係性は，図表3-13のように整理されます。

図表3-13　調達先に対する人権デュー・ディリジェンスと責任ある調達の関係性

人権デュー・ディリジェンス
サプライチェーンのレジリエンス強化
責任ある調達の推進
自社グループにおける潜在的及び顕在化している人権リスクの把握
☑人権
1次，2次以降サプライヤーへの人権DDの実施
☑腐敗防止
☑倫理
☑水リスク
☑生物多様性
☑情報セキュリティ
☑……
オペレーション対応の高度化

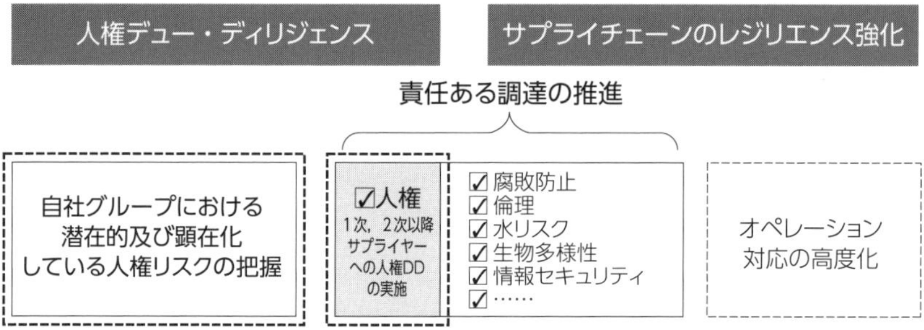

（出典：KPMGにて作成）

責任ある調達の調査を実施する際には，調査票（SAQ：Self-Assessment Questionnaire）を活用するのが一般的です。検討すべきポイントは，責任ある調達のSAQに含める形で人権デュー・ディリジェンスを実施するか，あるいは人権デュー・ディリジェンスを単独で実施するかです。前者が実務上最も一般的ですが，既存の責任ある調達の調査票のみをもって事業活動における重要な人権課題の観点を適切に調査できているかという点については精査が必要です。

例えば，アパレル企業であれば，中国のウイグル自治区での強制労働や縫製工場での過重労働といった課題にアプローチできているのか，自動車関連企業であれば紛争鉱物について3TG（錫，タンタル，タングステン，金を指す）のみならず，採掘過程で児童労働の問題が指摘されているコバルト調達にも対応できているのか等，自社のサプライチェーンの固有性やインダストリーの特徴を踏まえながら，重要性の高い人権リスクに焦点を当てることが必要とされます。

これらの項目を既存の責任ある調達のSAQを拡充することによってカバーするのは合理的かつ現実的な対応ではありますが，上述のとおり，自社にとって重要性の高い人権リスクを調査する視点が抜け落ちていては，当該調査は人

権デュー・ディリジェンスを兼ねているとはいえないでしょう。既存の調査をもって調達先に対する人権デュー・ディリジェンスを実施していると便宜的にみなしていないかについては，改めて確認・評価する必要があります。

●調査の対象範囲

調達先に対して，責任ある調達のSAQとは別に人権デュー・ディリジェンスに関するアンケートを実施する場合は，従業員に対するアンケート調査と同様に，１年目として調査すべき対象範囲を検討する必要があります。何百・何千とある調達先に一斉に調査をすることは現実的ではないため，自社のビジネスモデルやインダストリー特性等を加味しながら優先順位を付け，徐々にその対象範囲を拡大していくことが実務上一般的となっています。

例えば，高い人権リスクが懸念される国・地域に所在する調達先から着手をする，潜在的にリスクが高そうな原材料等を取り扱う調達先から着手をする，あるいは調達額のある一定の割合（例えば７割以上等）をカバーする調達先や自社で定義するクリティカルサプライヤーから優先的に実施するなどの選択肢も考えられます。どの調達先の人権リスクが高いのかを検討するにあたっては，「iv）セルフ・アセスメント」でも言及したとおり，外部の調査レポートやデータを用いて判断することが有用です。例えば，調達先の操業国をアメリカ合衆国国務省発行の人身取引に関する報告書である「TRAFFICKING IN PERSONS REPORT」[42]や，ILO等が発行している児童労働，強制労働に関する報告書である「Ending child labour, forced labour and human trafficking in global supply chains」[43]をもとにレベル分けを行い，リスクの高い国・地域から順に実施することなどが考えられます。また，国内の調達先から優先的に進めるのであれば技能実習生等を含む外国人従業員を雇用している企業から優先的に実施していくことも一案として考えられます。

●調査の実施時期

従前からの調達先とのコミュニケーション慣行や調達先側の負担等を加味しながら，アンケート調査の実施時期はいつ頃が適切であるかを検討する必要があります。また，「調査の位置付け」の整理結果によって異なりますが，調達先に対してすでに責任ある調達のSAQを実施している企業であれば，同時期に実施するべきか否かについても検討する必要があります。

●調査を実施するツールやシステム

調達先に対する人権デュー・ディリジェンスとしてのアンケート調査を，どのようなツールやシステムを活用して実施するかについては検討が必要です。責任ある調達として，調達先に対して，別途，SAQを実施している企業であれば，それと同じツールやシステムを活用することが想定されます。実施していない企業であれば，例えば，Excel等で作成するアンケートを個社ごとに配布する，アンケート調査会社等に委託する，調達先と共通のプラットフォーム等を構築するなどの方法が想定されます。

●調査結果の共有やフィードバック

所管部署のリソースにもよりますが，あるべき姿としては，個社ごとにフィードバック・レポートを作成のうえ，フィードバック・ミーティング等を開催することが望まれます。また，調査結果を対外的に訴求する際には，アンケート調査への回答率や（自社で設定する閾値対比の）適合率，回答の傾向や回答から導出された課題等を，統合報告書やサステナビリティHP等の開示媒体で示すことが想定されます。

b．ステップ2：アンケート調査項目／インタビュー項目の策定

ステップ1の「実現可能性のあるアセスメント実施に向けた論点の整理」を通じて，インパクト・アセスメントの実施の方向性にある程度の道筋を付けることができたならば，次に対応することは，アンケート調査項目／インタビュー項目の策定です。

【「従業員」に対してアンケート調査を実施する場合】

インパクト・アセスメントとして従業員に直接アンケート調査やインタビューを実施する場合も，リスク・アセスメントと同様に，「人権マネジメントに関する認識や運用体制」及び「個々の人権課題」について調査することが一般的です。

インパクト・アセスメントとして「自社グループの従業員」に「人権マネジメントに関する認識や運用体制」を尋ねる場合は，国連指導原則の要件に従って，人権方針の浸透状況，人権に対する研修・教育の浸透状況，救済メカニズムの浸透状況等を確認することが一般的です。一例としては，以下のような調査項目が想定されます。

人権方針の浸透状況の確認
☑　私は，会社の人権方針の存在を認識しており，内容について理解している。 ☑　私は，人権方針において，会社がすべての役職員に対して，人権を尊重した行動を求めていることを知っている。
人権に関する研修への理解度
☑　私は，会社が実施する人権に対する各種研修（ダイバーシティ研修，セクハラ研修，パワハラ研修等）を十分に理解し，その内容を意識した行動を実践できている。
救済へのアクセス
☑　私は，ハラスメント等の人権侵害事案を通報・相談できる窓口やホットラインの存在を認識しており，通報・相談の方法も知っている。 ☑　私は，自身の人権が侵害されたと感じたり，または周囲の従業員の人権が侵害されていると感じたりする場合には，必要に応じてホットライン等を利用すると思う。

上記のほかにも，「人権マネジメントに関する認識や運用体制」に関する質問としては，企業として調達先・外部委託先・顧客等の人権を尊重した対応が取れているかにつき従業員の意識や認識を尋ねる質問，今後企業として優先的に対応すべき人権課題を尋ねる質問，現在，企業として実施している人権に関する各種施策の実効性や十分性を尋ねる質問等が想定されます。質問項目は，多いほうが良いというわけではないため，自社の状況や従業員の負荷に鑑みながら設定する必要があります。

また，「従業員」に「個々の人権課題」を尋ねる場合も，リスク・アセスメントと同様に，最低限，国際人権章典やILO宣言で表明されている基本的な人権課題をベース[44]としつつ，社会環境の変化に伴って生じる企業に関係する人権リスクを含めて調査する必要があります。

以下では，前掲図表3-11にある「企業が尊重すべき代表的な人権」をもとに，「従業員」に対するアンケート調査項目の一例を提示します。

「過剰・不当な労働時間」
☑ 私は，過大な業務量にもかかわらず，業務時間の制限（残業禁止等）を強いられることはない。 ☑ 私は，顧客からの過度な要求（例：営業終了後の遅い時間帯での訪問要求等）により，長時間労働を強制されたことはない。
「ハラスメント」
☑ 私は，プライバシーを侵害する言動（私的な情報の提供を強制される，プライベートに関してしつこく聞かれる，等）を受けたことがある。 ☑ 私は，休日や深夜等の業務時間外の時間帯において，上長等からメールや電話で，度を超えて業務報告を求められたり，業務指示を受けたりしたことがある。
「居住移転の自由」
☑ 私は，制度上の配慮があるにもかかわらず，やむを得ない事情で転勤を断ったことで，評価や昇格等で不当な扱いを受けたことはない。（やむを得ない事情の例としては，家族が病気療養中であり，現在の家を離れられない，親の介護のため実家で同居する必要があるなどが想定される。）
「結社の自由」
☑ 私は，労働組合の加入者としての権利が尊重され，組合活動への参加を妨害（脅迫，ハラスメント，暴力等）されたり，参加したことで不当な措置（報復，差別，仕事を与えられない等）を受けたりしたことはない。
「差別」
☑ 私は，安全上または業務上の支障がないにもかかわらず，信仰を表現する衣類や象徴的装身具等を身につけることを禁じられた等，特定の思想や宗教による差別を受けたことはない。

「自社グループの従業員」に対するアンケート調査項目策定のポイントは，従業員自身の視点や経験に基づいて回答しやすいように，主語を「私」とする建付けの質問項目にしたり，業務遂行のなかで発生しうる場面を想定しながら具体性のある内容にしたりすることです。加えて，調査項目に対する回答は，データ集計の手間に鑑みて，記述式ではなく，「そう思う／ややそう思う／どちらとも言えない／あまりそう思わない／そう思わない／分からない・該当しない」というような選択式にするほうが効率的といえます。

【「調達先」に対してアンケート調査を実施する場合】

次に，「調達先」に対するアンケート調査項目の一例を解説します。調達先に対する人権デュー・ディリジェンスのインパクト・アセスメントは，責任ある調達と同様に，調達先を代表する担当者[45]に調査票を送付し，会社を代表して自社の状況について回答してもらうことが一般的です。

「調達先」への「人権マネジメントに関する認識や運用体制状況」を尋ねる質問に関しても従業員向けのアンケート調査項目と同様に，人権方針，人権に対する研修・教育，救済メカニズム等について尋ねることが一般的です。以下にて，一例を記載します。

人権方針等の策定状況
☑ 貴社では，人権の尊重や労働者の権利保護に関するコミットメントを独立した人権方針として規定していますか。もしくは，行動規範，行動基準，コンプライアンス方針といった各種社内文書のなかで，人権の尊重や労働者の権利保護を明確に規定していますか。また，それらの文書は取締役会レベルで承認されていますか。 ☑ 人権方針や人権の尊重や労働者の権利保護を明確に規定する各種社内文書の内容は，グローバル・スタンダード（ビジネスと人権に関する指導原則，国際人権章典，ILO宣言等）の要求事項と整合していますか。
人権に関する研修や教育
☑ 貴社では，契約社員やアルバイト等の雇用形態に応じて差異を設けず，全従業員に対して，差別やハラスメントの防止等も含み人権尊重に関する教育を実施していますか。
救済へのアクセス
☑ 貴社では，従業員がハラスメント等の人権侵害事案を，報復（通報行為を理由とした不利益処分等）を恐れず，匿名で通報・相談できる窓口やホットライン等を整備していますか。 ☑ 人権侵害事案等に関する通報・相談を受け付ける窓口やホットラインは，自社の従業員のみならず，調達先や委託先等の従業員も広くアクセス可能で通報できる設計となっていますか。また，日本語を母語としない海外グループ会社の従業員や特定技能実習生や技能実習生等も広く通報できる設計となっていますか。

このほかにも，「人権マネジメントに関する認識や運用体制状況」に関する

質問としては，人権リスクのマネジメントにかかるガバナンス体制（担当役員の有無等）について尋ねる質問，社内で人権尊重の取組みを推進するために講じている具体的な施策やその進捗状況について尋ねる質問，人権に関する各種法令の自社への適用状況と違反状況について尋ねる質問等が想定されます。

「個々の人権課題」については，責任ある調達対応としてSAQ等を実施している企業であれば，既存のSAQ項目に含まれる人権や労働に関連する項目を基調としつつ，潜在的に人権に対する負の影響が高そうな人権課題に関する項目を重点的に尋ねるなどの工夫をしながら調査項目を策定することが想定されます。

例えば，前掲図表３-11にある「企業が尊重すべき代表的な人権」のなかでも，「賃金の不足・未払，生活賃金」，「労働安全衛生」，「強制的な労働」に着目すると，一例として以下のような調査項目が考えられます。

「賃金の不足・未払，生活賃金」
☑ 貴社では，技能実習生を雇用していますか。雇用している場合は，技能実習生に対して賃金が毎月適切に支払われていることをどのようなプロセスを通じて確認されていますか。 ☑ 貴社の調達先における技能実習生の雇用の有無を認識／把握されておられますか。雇用があることを認識／把握している場合は，貴社の立場として，調達先の技能実習生に対して賃金が毎月適切に支払われていることをどのようなプロセスを通じて確認されていますか。
「労働安全衛生」
☑ 貴社は，アセスメントを通じて自社にとってリスクや危険性の高い作業や現場を把握・特定していますか。また，そのようなリスクや危険性が高い作業に従事する際に必要な作業行動／手順を事前に把握し，リスクを発現させないために適切な防止策を講じていますか。 ☑ 貴社は，緊急事態発生時に対応するための自社ルールを明確化しており，ルールの内容を説明する手引き等を作成していますか。特に，外国籍の従業員がいる場合は，日本語のみならず，英語もしくは当該従業員が適切に理解できる言語に翻訳された手引き等を準備していますか。また，緊急事態発生時の対応にかかる自社ルールを，研修やワークショップ等を通じて全従業員に対して十分に周知していますか。

「強制的な労働」

- ☑ 貴社で技能実習生を雇用している場合，違約金を定めるなどの条件が盛り込まれた契約を締結していませんか。また，貴社の調達先で技能実習生が雇用されている場合，貴社の立場として，調達先の技能実習生が違約金等を含む不当な条件の契約で労働に従事させられていないかを確認していますか。
- ☑ 貴社で技能実習生を雇用している場合，技能実習生から保証金等（保証金の性格を有するもの）を徴収していませんか。また，貴社の調達先で技能実習生が雇用されている場合，貴社の立場として，技能実習生が保証金等を徴収されていないことを確認していますか。

「調達先」に対するアンケート調査項目の策定においても，従業員向けのアンケート調査項目と同様に，具体性を意識することがポイントです。例えば，「貴社で強制労働や児童労働は発生していますか。」というような調査項目を真正面から尋ねたとして，自社の管理不足を露呈するかのように「はい，あります。」と回答する企業は，あまり想像できません。強制労働をさせている自覚や認識がなく，管理が及んでおらず状況を適切に把握できていなかったために，結果的にそのような事態になってしまっていたというケースが圧倒的に多いことが想定されます。したがって，調査項目を策定する際には，想像力を働かせながら実際に発現する可能性のある人権への負の影響を多角的な観点から検討することが望まれます。

c．ステップ３：アンケート調査票の配布／インタビューの実施

【実務上留意すべき２つのポイント】

ステップ２のアンケート調査項目／インタビュー項目の策定が完了したら，次は人権デュー・ディリジェンスの調査対象とするステークホルダーに対してアンケート調査票を配布する，あるいはインタビューを実施するステップに移ります。下記では，インパクト・アセスメントとして従業員を対象としてアンケート調査やインタビューを実施するにあたっての実務上のポイントを２点解説します。

１つ目のポイントは，実態に即する精緻な調査結果を得るためにも，トップ・コミットメントのもと実施する会社の重要施策であるというメッセージを強く打ち出すことです。

例えば，グローバルを含む全従業員向けに人権に関するアンケート調査を実

施したある企業は，アンケート期間中に人権管掌役員によるビデオ・メッセージを配信する，あるいは，部門長レベルが所管部のアンケート回答率にコミットし回答状況をフォローするといった取組みを展開しています。人権デュー・ディリジェンスは全従業員を巻き込む全社横断的な取組みであるため，経営陣のコミットメントをいかに従業員に示すことができるかは回答率を高めるうえでも重要といえます。

２つ目のポイントは，アンケート調査やインタビューの実施前に，実施対象となる従業員に人権に対する影響評価の趣旨・目的に関する説明を丁寧に実施することです。

より具体的にいえば，人権に対する影響評価において調査の対象としている「潜在的な人権リスク」についての理解を深めてもらう必要があります。ここで指す「潜在的な人権リスク」の定義に関しては，国連指導原則の原則17の解説文（commentary）が参考になります。

原則17の本文では人権デュー・ディリジェンスのあるべき姿が言及されていますが，その内容を補完する解説文では，人権リスクの捉え方が説明されています。

> 「人権リスクは企業の人権に対する潜在的な負の影響であると理解される。潜在的な影響は防止あるいは軽減することを通して対処されるべきであり，一方で，現実の影響―すでに生じたもの―は是正の対象となるべきである。」[46]

【潜在的な人権リスク vs. 顕在化した人権リスク】

原則17の内容を概念的に整理すると，人権リスクは，潜在的な人権リスク（事業活動を通じて人権侵害を引き起こす将来的な可能性）と顕在化した人権リスク（すでに発生してしまっている人権侵害）に区別されます。図で表すと，図表３-14のとおりです。

従業員に事前説明する際には，アンケート調査やインタビューでは，個人の人権侵害に対する救済を第１の目的にはしておらず，企業の事業活動に内在する潜在的な人権リスク（図表３-14の上半分）を網羅的に把握・特定することに重きを置いている旨を説明する必要があります。特にインパクト・アセスメントは，匿名方式で調査することが一般的であり，個別事案の是正や救済にまで踏み込むことは困難です。

図表3-14　潜在的な人権リスクと顕在化した人権リスクの整理

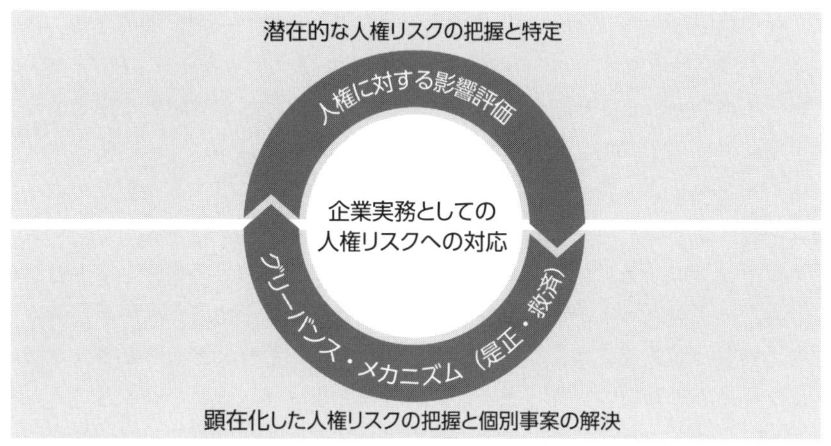

（出典：KPMGにて作成）

人権に対する影響評価の実施過程において顕在化した人権リスクが特定されることも十分に考えられますが，すでに顕在化している人権リスクであれば，それはただちに是正されるべきであり，内部通報制度や相談窓口に代表される企業のグリーバンス・メカニズムを活用しながら，解決を進める必要があります。例えば，上司からのハラスメントに悩まされている社員等がいる場合には，内部通報窓口への通報を促し，しかるべき担当部署に事案を引き継ぐ等，個別事象に応じた是正措置を展開する必要があります。その意味で，アンケート調査やインタビューの説明時において，人権侵害の可能性があるのであればアンケート調査やインタビューへの回答とは別に速やかに内部通報窓口に通報するようあらかじめ説明しておくことが重要です。

従業員向けの事前説明としては，アンケート調査やインタビューの趣旨・目的を説明するペーパーを共有する，定期的に開催している人権研修とあわせて実施するなどの方法が考えられます。そこまでリソースを投じられない場合は，最低限，アンケート調査票やインタビュー質問票の冒頭に趣旨・目的を説明する文章を添えておくだけでも効果的です。

なお，調達先に対する取組みとしては，すでに責任ある調達の仕組みが構築されている場合であれば，その仕組みを活用し，サプライヤー向け説明会や個別のエンゲージメント等の機会のなかで人権に関する調査の目的を説明するといったケースが考えられます。

d．ステップ４：アンケート調査／インタビュー結果の分析及び今後の対応策の検討

インパクト・アセスメントの最後のステップは，アンケート調査／インタビュー結果を分析し，その結果を踏まえて，今後取るべき対応策を検討することです。対応策の検討については③で解説するため，下記では，「アンケート調査／インタビュー結果の分析」に焦点を絞り，分析に際する実務上のポイントを解説します。

ステップ２の「アンケート調査項目／インタビュー項目の策定」でも言及しましたが，アンケート調査であれば，調査項目に対する回答はデータ集計の手間を考慮し，記述式ではなく「そう思う／ややそう思う／どちらとも言えない／あまりそう思わない／そう思わない／分からない・該当しない」というような選択式にすることが一般的です。調査項目に対する回答を選択式で設定できれば，比較的簡単に回答状況を定量分析することが可能です。

ベーシックな分析としては，設問ごとに各回答選択肢の割合を分析することが考えられます。また，匿名性のアンケート調査では調査項目の前段として回答者の属性[47]を尋ねるため，各属性を切り口として，設問ごとの分析を実施することが有効です。

従業員向けのアンケート調査を例とすると，「私は，プライバシーを侵害する言動（私的な情報の提供を強制される，プライベートに関してしつこく聞かれる，等）を受けたことがある。」というハラスメントに関する設問を「年齢(20代／30代／40代／50代／60代以上)」や「勤務地域（日本／日本以外のアジア／アメリカ／EMENA等)」等の属性別に分析するイメージです。このような属性別の分析を総合すると，例えば，20〜30代の日本勤務の社員にはネガティブな回答（そう思う／ややそう思う）傾向がみられるものの，同年代のアメリカの社員には同様の回答傾向はみられない，というような示唆を得ることができます。

アンケート調査／インタビュー結果を分析する際のポイントは，潜在的な人権リスクを網羅的に洗い出し，人権デュー・ディリジェンスの次なる対応である「影響の防止及び軽減」につなげるためにも，多角的な視点から回答データを分析することです。

繰り返しになりますが，人権に対する影響評価の目的は，人権に対する潜在的な負の影響を調査し検知することです。そのためにも，ステークホルダーの

直接の声をさまざまな角度から分析し，想定される懸念事項を網羅的に洗い出しておくことが重要です。

本項では，人権デュー・ディリジェンスの最初のステップに当たる人権に対する影響評価への取組みとして，３通りの方法（セルフ・アセスメント，リスク・アセスメント，インパクト・アセスメント）を解説しました。どの方法を通じて人権に対する負の影響を特定するかは，各企業の人権マネジメントの成熟度によって異なりますが，どの手法を採用したとしても，人権に対する影響評価の結果として特定される人権課題は，その企業にとっての，いわゆる「顕著な人権課題」だと位置付けられます。

「人権」の種類は多岐にわたるため，企業実務の観点を踏まえると，事業活動によって最も深刻な影響を被るリスクのある人権課題を明確にしたうえで，対処するための経営リソースを優先的に配分することが必要です。人権に対する影響評価を実施することで，企業はより注力すべき人権課題を選り分けることが可能となります。

繰り返しになりますが，人権に対する影響評価の実施を含む人権デュー・ディリジェンスは，定期的かつ継続的に実施することが前提の取組みであるため，人権に対する影響評価の結果として特定される顕著な人権課題も，時間の経過や企業の事業活動の変化等に伴って変化する性質を有していることには留意が必要です。その時々の市場環境や経営状況によって，対処すべき人権課題は異なり，企業として対処するためのリソースの配分の仕方も当然に変わってしかるべきです。

では，人権に対する影響評価を通じて特定した顕著な人権課題や負の影響に対処するうえで，代表的な取組みとしてどのようなものが考えられるのかについて，次項にて解説します。

③　影響の防止及び軽減

人権に対する影響評価を通じて，人権に対する負の影響を把握・特定できたら，次のステップとして，負の影響を防止・軽減するための具体策に取り組んでいきます。

原則的には，人権に対する影響評価を通じて把握したすべての事項に対して対応することが求められますが，企業によって人権に対する意識，人的・時間的リソース，現状の取組みの深度等が異なるため，実務視点からいうと，自社の状況を考慮し，優先順位を付けて対応することが現実的です。国連指導原則では，最も深刻な影響を及ぼすと考えられるリスクや，対応の遅れにより不可逆性が高まるリスクから優先的に対応することが推奨されています。例えば，人の死亡や障がいが残るケース等がこれに該当します。

i）人権に対する負の影響を防止及び軽減するための一般的な対応

具体的な対応策は，人権に対する影響評価で把握・特定されるリスクや課題によって異なるため，画一的に論じることは困難ですが，国連指導原則の原則19及びOECDガイダンス3.1が示す潜在的な負の影響の防止・軽減に向けた方向性は，具体策を検討する際の手がかりとなります。国連指導原則の原則19及びOECDガイダンスの示唆を企業実務の観点に基づき，具体的アクションとして捉え直すと，図表３-15のように整理されます。

図表３-15　人権に対する負の影響を防止及び軽減するための主なアクション

- 人権リスクを管掌する担当役員の任命
- 取締役会レベルによるモニタリング

- 人権に対応する担当部署の設置
- 選任担当者のアサイン

- 事業，サービス・製品における要素の調整・変更
- 人権に関連する社内規程の整備
- 既存のリスク管理体制への人権リスクの統合
- 業務委託契約等の見直し（人権尊重に関する条項の追加）
- 投資判断における人権リスクの評価
- 内部監査を通じた人権への対応状況の評価
- 研修やワークショップ等を通じた周知浸透
- 関連ステークホルダーとのエンゲージメントの実施

（出典：国連指導原則の原則19及びOECDガイダンスをもとにKPMGにて作成）

潜在的な人権リスク全般において顕在化を防止するという観点から，まずは「ガバナンスの確保」や「対応体制の確立」に取り組む必要があります。既存の体制を利用して人権対応を行っていくのか，新しく「人権委員会」といった組織を組成するのかは各社のリソースや規模によっても異なりますが，現状ですでに行っている取組みの洗い出しと今後対応すべき取組みの洗い出しを行い，ギャップを調査するといった作業から始めることが考えられます。

いずれにしても国連指導原則やOECDガイダンスで「しかるべきレベルや部門」に責任が割り当てられるべき，とされているように，経営層が監督責任を持ち，適切な部門に責任が振り分けられることが重要です。

一方で，個別に対応が必要とされるリスク，例えば育児休暇からの復職時に本人の望まない部署に配属させるなどのハラスメントのリスクが検出された場合は，個々に対処することはもちろんですが，潜在的な負の影響の軽減策として複数のアプローチが考えられます。

例えば，図表３-15の「人権に関する社内規程の整備」によりハラスメントの禁止及び処分について明確化したうえで，「研修やワークショップ等を通じた周知浸透」により周知し，「内部監査を通じた人権への対応状況の評価」を実施するため内部監査のチェック項目に反映して，「関連ステークホルダーとのエンゲージメントの実施」として育児休暇明けの社員や育児休暇取得予定の社員に対して状況を確認するなど，個々のアクションプランを作成し，多方面から取り組むことで実効性を高めることができます。

ⅱ）調達先に関する対応

調達先に対する影響評価を通じて，人権に対する負の影響が確認された場合は，調達先との対話や協働（エンゲージメント）を通じて，負の影響の是正・改善を促していくことが基本的な対応として求められます。ただし，仮に調達先に改善意欲がなく，負の影響が改善しない状態が継続するようであれば，取引関係を解消する事態も想定されます。

特に紛争鉱物に代表されるように，製品に必要な原材料が紛争地域で武装勢力の資金源になっている可能性がある場合には，状況に応じて，負の影響を引き起こし，または助長している企業に対して影響力を行使することで，その防止・軽減に努める必要があります。例えば，武装勢力の資金源となっている鉱物が製品に使われないよう，紛争鉱物不使用の認証[48]を受けた製錬業者のみと取引をするよう一次または二次調達先に働きかける，あるいは業界団体を通じて複数の製錬業者に対して認証取得支援を行う等の防止措置が挙げられます。

このようなケースは，いずれの場合も究極的には当該調達先との取引を解消するということで解決を図る，というのがセオリーとして考えられますが，調達先との取引関係の解消は，それほど簡単なことではありません。例えば，その調達先が自社にとってのクリティカルサプライヤーに相当し，代替調達先が容易に見つからないような場合，取引の解消は生産停止を意味し，業績に著しい影響を及ぼす可能性があります。また，取引関係を解消することによって，自社と人権への負の影響との関連性はなくなりますが，負の影響それ自体が解消するわけではありません。取引を解消することで調達先の経営状況が悪化し従業員が失職するといったように負の影響がさらに深刻化する可能性も想定しておく必要があります。

昨今，株式市場を中心として「Responsible Exit」というワードに注目が集まっており，事業からの撤退や取引関係の解消といった“引き際”における企業責任が問われはじめていることにも留意が必要です。

これは一企業としてどこまで対応すべきか，という非常に難易度が高い問題です。取引関係を解消するという究極的な判断を下す前に，その調達先の他の取引先と共同でエンゲージメントを行う，業界団体を通じて働きかける，NGOと協力して改善を促す等に代表される複数の選択肢を組み合わせて十分に取り組むことが肝要です。企業のリスク管理という観点からいうと，リスクを自社だけですべて負うのではなく，他社や業界団体にも参画してもらうことで，リスクを分散させて対応していくという視点も必要となります。もっとも，クリティカルサプライヤーへの依存は，BCPやリスク管理の側面からも対応すべき事項であり，必ずしも人権に限った話ではありません。取引開始に当たる契約や取引先との日々のエンゲージメントを通じて，人権を含むあらゆるリスクを担保しておくという企業としての当然の対応が肝要です。

ⅲ）間接的に負の影響を助長している場合の対応

最後に，企業の事業・製品・サービスが間接的に人権への負の影響を助長している場合や，第三者との関係を通じて人権侵害の原因と結び付く場合における対応についても留意が必要です。例えば，自社が通常よりも短納期で製品の発注を依頼した際に，委託先企業で長時間労働が発生する傾向にあるというケースにおいては，リスク低減策の決定権が自社にあるため，対応方針を検討しやすい一方で，特に商流の下流で発生する人権リスクは構造的な問題もあり，一企業単独では解決できず他社の協力なくしては対応が困難なケースもあります。このような課題はすぐに解決できるものではありませんが，人権への負の影響の度合いに応じて，軽減や予防を図るための自社としての支援策を検討するとともに，場合によっては政府やNGO等と協働することも期待されます[49]。

④　モニタリング

潜在的な負の影響の防止・軽減に関する施策に着手したあとは，それら施策の有効性を適切なタイミングで評価し，人権に対する影響評価で把握・特定した人権に対する負の影響の解決に効果を発揮しているかを確認する必要があります。確認のタイミングや方法は具体策の内容に応じて異なりますが，例えば以下のような事例が想定されます。

人権に対する影響評価を通じて，技能実習生の過重労働問題がリスクの１つとして特定されたとします。このリスクに対する防止策及び軽減策としては，グローバル・スタンダードが要求する人権尊重の観点から何が問題であるかを，研修やワークショップを通じて関係者に啓発するとともに，36協定の締結及び遵守，労働時間の管理，作業工程の見直し，相談窓口の設置と実習生への通知等が想定されます。この場合，モニタリングとしては，防止策及び軽減策として実施した研修／ワークショップの実効性や，記録された労働時間が36協定の範囲内に留まっているか，実習生へのヒアリングにより適切な労働環境であるかを定期的に確認する，というアクションが想定されます。

人権デュー・ディリジェンスは定期的かつ継続的な取組みを前提としているため，防止策及び軽減策に関しても，その効果や改善状況を定期的に把握する取組みが欠かせません。モニタリングの結果，改善が認められない状況が継続するようであれば，新たなアクションを取る必要があることも想定されます。仮に取引先で同様のケースが発生していたら，取引の継続を見直す必要もありうるでしょう。したがって，モニタリングは，防止策及び軽減策の内容とセットで考えることが極めて重要です。

モニタリングの実施にあたり，配慮が必要となるポイントもあります。例えば，自社や取引先の従業員に対してモニタリングを目的としてインタビュー等を行う場合，状況によっては実態を率直に発言することが心理的に困難になることが考えられます。インタビューや面談の際は人事上の決裁権を持つ者を同席させない，インタビューの対象者や発言者を特定させない等の措置が必要となることに留意が必要です。人権の負の影響を受けやすいとの理由から，人権デュー・ディリジェンスでは脆弱な立場のステークホルダーを包含することが望ましいとされており，モニタリングにおいても女性，外国人，障がい者，子ども，先住民等を配慮のうえ，その対象に含めることが重要となります。

⑤ 情報開示及びエンゲージメント

人権デュー・ディリジェンスの最後のステップは，人権に対する影響評価とその結果，防止・軽減策の実施状況とそのモニタリング状況にかかる情報を対外的に示し，自社にとって重要なステークホルダーとのエンゲージメントを図ることです。OECDガイダンスにおいても，年次報告や企業のウェブサイト等を通じて広く一般に向けて行う情報開示と，影響を受けた，または受ける可能性のあるステークホルダーへの個別のアプローチの両方に取り組むことが推奨されています。

ｉ）情報開示の留意点

情報開示に関していうと，ESG評価機関の設問項目やサステナビリティ開示基準等のなかで人権に関する取組みの情報開示は広く求められていることから，すでに多くの日本企業がその対応に着手しています。特に，企業にとって重要なステークホルダーの１つである機関投資家は，企業価値を判断する重要な要素として人権リスクを捉えており，企業の人権への対応状況を開示情報やエンゲージメントを通じて確認しています。また，最近では，銀行の投融資判断や取引先の選定プロセスにおいても企業の人権にかかる開示情報は活用されており，その重要性はますます高まっています。

一般的に，多くの日本企業は取組みがある程度進んでから情報を開示する傾向にありますが，国連指導原則やOECDガイダンス等の国際的規範が企業に要求するすべての要件を最初から満たすことは実務上困難であることが想定されるため，毎年徐々に取組みを発展させることを前提に，対応できている部分から情報を開示していく必要があります。取組み途中の状態で情報を開示すると，対応が進む他社と比較され，かえって市民社会／NGO等から非難されるのではと情報開示を躊躇する企業も見受けられますが，人権に関していえば，現状を適切に開示すると同時に，今後自社にとって必要な取組みや，必要な取組みを達成するためのロードマップを示し，企業として人権マネジメントを着実に推進する意思がある旨を明示することが重要です。コミュニケーションの実効性を高めるためにも，これまでの人権デュー・ディリジェンスの活動報告のほか，自社が認識する課題や次年度の対応計画・目標も併せて示すことが推奨されます。

ステークホルダーへの個別アプローチに関していうと，当該ステークホルダー自身が影響を受けた／受ける可能性のある潜在的な人権への負の影響の詳細と，そのような負の影響が防止策や軽減策を通じてどのように改善されたのかを，企業として適切に伝達することが肝要です。特にOECDガイダンスでは負の影響の受け手が確実に情報を得て，理解する方法が推奨されていることから，報告書の開示に留まらず，面談の機会を設けるなど，一方的な通知に留まらない工夫が推奨されます。いずれの方法をとっても，自社の現状をステークホルダーにしっかりと伝達し，得られたフィードバックを活かすサイクルを構築することが肝要です。

ii）エンゲージメントの留意点

面談等を通じて対話を行い，フィードバックサイクルを構築する取組みは，「ステークホルダーエンゲージメント」と呼称されます。ステークホルダーエンゲージメントは，人権への負の影響に関する実態を確認し，実効性のあるデュー・ディリジェンスを行うため，その対象となるステークホルダーのみならず，人権に関する外部の専門家，NGO，労働組合等に代表されるような幅広いステークホルダーと実施することが一般的で，人権マネジメントに関するほぼすべてのガイダンスのなかで，その取組みの重要性が強調されています。

なお，ステークホルダーエンゲージメントは，人権デュー・ディリジェンスの最後のステップとして実施されるケースが多いですが，最後のステップとしてだけでなく，これまでに解説した人権デュー・ディリジェンスの各ステップ（「人権に対する影響評価」，「影響の防止及び軽減」，「モニタリング」）に取り入れることも可能です。

エンゲージメントを実施するタイミングは，各企業が構築する人権デュー・ディリジェンスのプロセスや人権マネジメントの成熟度等によって異なりますが，エンゲージメントを実施する際には，以下の点について留意する必要があります。

a．エンゲージメントの実施自体が人権リスクを助長しないような配慮

例えば，労働者にインタビューを実施する際に人事上の裁量がある第三者を同席させると，労働者は自由な意見を発言することが難しくなる可能性があります。プライバシーに配慮しながら実施するとともに，エンゲージメントでの発言により労働者が不利益を被る可能性がないことを保証する必要があります。また，場合によっては，あらかじめ日時や場所を設定せずに抜き打ちのような形で話を聞く機会を設けることや，社外の場所で面談を行うことも労働者に対する配慮のあり方として考えられます。

b．第三者の活用

人権リスクに対する理解を深めるためにも，ステークホルダーとのエンゲージメントは企業自身が直接実施することが望ましい対応です。一方で，エンゲージメントを実施する企業の担当者が，ステークホルダーの置かれた立場や状況に対する理解を深められていないような状況であれば，企業とエンゲージメント対象のステークホルダーとの間に誤解や対立が生まれる可能性が少なからず想定されます。したがって，そのような場合は，リスクの背景や現地の事情に精通した有識者やNGO等に代表される第三者をエンゲージメントの場に交えることや助言を求めることなどが想定されます。

c．脆弱なステークホルダーへのアプローチ

一般的に，女性，外国人，障がい者，子ども，先住民等は，人権への負の影響を受けやすい，脆弱な立場のステークホルダーと解されています。このようなステークホルダーと直接エンゲージメントを実施する場合，あるいはエンゲージメントを通じて脆弱な立場に置かれているステークホルダーの権利に対して理解を深める場合には，当該ステークホルダーの特異性やリスクを踏まえた配慮や工夫が必要です。

例えば，企業の事業活動のなかで子どもの権利の尊重は欠かせない取組み[50]ですが，自社の事業活動から直接的な影響を受けている子どもを特定し，エンゲージメントを実施することは実務上困難だと想定されます。ユニセフが2014年に公表した子どもの権利に関するエンゲージメント方法を解説したレポート

(Engaging stakeholders on children's rights — A tool for companies)[51]でも，このような実務上の課題は理解されており，企業が子どもの権利に関して，まずエンゲージメントを実施すべき対象ステークホルダーは，1．子どもの権利に関する知識を有し，2．子どもの権利に関する代弁者だと周囲／コミュニティから認められ，3．相応なトレーニングを受けた「子どもの権利の擁護者(child rights advocates)」だと整理されています。また，その他，エンゲージメント対象として想定されるステークホルダーとしてはユース団体や政府，アカデミア等が挙げられています。上述のように，ステークホルダーに直接アプローチすることが困難な場合には，対象とするステークホルダーの意見を代弁する立場のステークホルダーを特定し，エンゲージメントを実施することが推奨されます。

d．人権尊重の取組みを推進するNGOや団体等とのエンゲージメント

人権尊重の取組みを推進するNGOや団体等[52]は，影響を受けた，または受ける可能性のあるステークホルダーの状況を体系的に把握・理解していることが多いため，企業としては，積極的にエンゲージメントを実施することが推奨されます。特に，グローバルネットワークを構築している人権NGOであれば，デスクトップ調査のみでは把握しきれない詳細な現地の情報を入手している可能性が高いため，エンゲージメントを通じて，事業展開国における固有の人権リスクに関する情報入手に役立つことも想定されます。また，特に海外では人権マネジメントへの取組みレベルを向上させるために，人権デュー・ディリジェンスをNGOと協働で進めるなど，積極的な対応を進める企業が増えています。例えば，グローバルでビジネスを展開する消費財の大手メーカーは，自社のバリューチェーンにおける人権に対する影響評価の一環としてデスクトップ調査を通じて把握した発見事項の裏付け調査をNGOに依頼する，コミュニティに対して人権への理解を促進するプロジェクトをNGOと協働で提供する，原材料調達先の農園における潜在的人権リスクの低減に向けて，NGOと協働で生活改善プログラムを提供するなどの取組みを展開しています。

日本ではNGOとのエンゲージメントや協働に苦手意識を持つ企業が比較的多い傾向にありますが，昨今では企業の人権に対する取組みを，アンケートを通じて調査するNGO等が増えており，企業として接点を持つ機会は従前に比べると増加傾向にあります。企業としてリソースが限られるなか，NGOから

のすべてのアンケートに回答することは実務的に難しく，対応はケースバイケースでの判断にならざるを得ないことが想定されますが，見方を変えれば，NGOからのアンケートに回答することもステークホルダーエンゲージメントの一形態と位置付けられます。NGOからのアプローチを契機と捉え，その後の積極的なエンゲージメントにつなげていくことは，人権デュー・ディリジェンスを深化させるためには必要な取組みです。

総括すると，上述したとおりステークホルダーエンゲージメントへの取組みによって，企業は，ステークホルダー視点から自社の事業活動が与える影響を捉え直すことができ，また，ステークホルダーとの対話から得られたフィードバックを人権デュー・ディリジェンス・プロセスに反映させることでデュー・ディリジェンスの実効性向上につなげられます。

バウンダリーを広げて多くのエンゲージメントを実施することに越したことはありませんが，エンゲージメントの回数をこなすことだけを唯一の目標とせず，ステークホルダーごとに真正面から向き合い，企業を取り巻くステークホルダーの真の理解につなげることが肝要です。

⑶　M＆A局面における人権デュー・ディリジェンスへの対応

ここまでは，国連指導原則やOECDガイダンスを手引きとしながら，従業員や調達先等に代表される，企業を取り巻く重要なステークホルダーに対して実施する平時の人権デュー・ディリジェンスへの対応ステップを詳細に解説してきました。一方で，人権デュー・ディリジェンスは平時のみならずM＆Aの局面においてもその実施が必要とされています。本項では，昨今市場からの対応要請が高まっているM&A局面における人権デュー・ディリジェンスについて解説します。

①　M＆A局面における人権デュー・ディリジェンスの基本的な考え方

ｉ）M&A局面における人権デュー・ディリジェンスの位置付け

OECDガイダンスの第Ⅱ部「デュー・ディリジェンスのプロセス」及び国連指導原則の原則17⒞が規定するとおり，人権デュー・ディリジェンスは定期的かつ継続的な実施が前提となります。したがって，企業規模等に応じて程度の差こそあれ，一定のサイクルに基づいて人権デュー・ディリジェンスを実施する必要がありますが，Ｍ＆Ａ等における被買収会社への人権デュー・ディリジェンスは，Ｍ＆Ａという戦略的投資に伴って発生するスポット的な人権デュー・ディリジェンスと位置付けられるため，通常の人権デュー・ディリジェンスとは性質が異なります。

国連指導原則は，原則17の解説文のなかで「(人権リスクは,) 合併や買収を通じて継承されるかもしれないことを考えると，新たな事業または取引関係を展開するにあたっては，人権デュー・ディリジェンスにはできるだけ早く着手されるべきである。」との説明を付しており，投資判断局面における人権リスクの調査・評価の実施[53]を求めています。

ビジネス慣行に基づく一般的なデュー・ディリジェンスに鑑みると，人事デュー・ディリジェンスや法務デュー・ディリジェンスのなかで人権リスクの一部要素がカバーされることはありますが，従来のデュー・ディリジェンス領域のなかで国連指導原則の要求水準を満たすことは実務的に難しいことが想定されます。例えば，一般的な人事デュー・ディリジェンスの主な視点は，被買収会社の人事考課・昇進制度，報酬体系，退職制度等であり，必ずしも被買収会社で働く従業員の人権の尊重に重きが置かれているわけではありません。また，法務デュー・ディリジェンスにおいても，コンプライアンスの視点に基づき，内部通報制度の有無等は調査されますが，自身の権利が侵害されていると感じる個人からみて，その実態を報告し救済を求めるための通報窓口として内部通報制度が機能しているかまで踏み込んだ調査がなされているわけではありません。したがって，従来の人事デュー・ディリジェンスや法務デュー・ディリジェンスではカバーしきれていない領域を，人権デュー・ディリジェンスとしてカバーすることが重要になります。特に，最近はサステナビリティに対する意識の高まりを受けて，M&Aの現場でも人権リスクに代表されるESGを考慮する動き[54]が一層高まっており，Ｍ＆Ａ局面における人権デュー・ディリジェンスの重要性は一段と増しています。

ii）M&A局面における人権デュー・ディリジェンスのエッセンス

Ｍ＆Ａ等の被買収会社に対する人権デュー・ディリジェンスは，年間サイクルに基づく平時の人権デュー・ディリジェンスと比較すると実施期間は短くなります。案件の性質に応じた差はありますが，バイサイドのデュー・ディリジェンスであれば約１～２ヵ月といったタイムスパンで対応するケースが多いでしょう。被買収会社が立地する国／地域の状況，ビジネスモデル，インダストリーの特徴等は，案件の性質に応じて考慮する必要はありますが，時間的制約を鑑みると，調査の視点はある程度限定せざるを得ないことが想定されます。

この考え方は，WBCSD（持続可能な開発のための経済人会議）が2018年に発行した「Legal Due Diligence Guidelines for Merger & Acquisitions」[55]にも記されています。本ガイドラインは，M＆Aにおける法務デュー・ディリジェンスの指針として2018年に公表されました。本ガイドラインには人権だけでなく，環境や腐敗防止といった幅広いESGテーマに対するデュー・ディリジェンスの実施に関するポイントが記されており，M＆A局面における人権デュー・ディリジェンスについては，本ガイドラインの第５章で取り上げられています。

図表３-16　WBCSDのガイドラインが示す M&A局面における人権デュー・ディリジェンスのエッセンス

■M&A取引において人権リスクを看過すると，法的リスク，規制リスク，財務リスク，そして風評被害として買収会社に影響を及ぼす可能性がある。
■人権イシューは，株式による資本調達や銀行からの借入に影響を及ぼす可能性がある。すでに人権侵害の発生によりプロジェクト資金が引き揚げられる状況も発生している。
■人権イシューは，企業の買収だけでなく，パートナーシップの締結やジョイントベンチャーの設立などを含め，M&Aに関連するさまざまな局面で生じる可能性がある。
■M&A局面における人権デュー・ディリジェンスは伝統的なデュー・ディリジェンスとは異なるが，両者を融合する取組みは存在する。
■M&Aにおける人権デュー・ディリジェンスにおいては，企業自身よりもステークホルダーにとっての最も影響が深刻な人権リスク（the most severe human rights risks）に焦点を当て，まずそれらに対処すべきである。

（出典：Legal Due Diligence Guidelines for Merger & AcquisitionsをもとにKPMGにて作成）

図表３-16では，本ガイドラインの第５章で言及されているM＆A局面における人権デュー・ディリジェンスの実施にあたってのエッセンスをまとめています。最後のブレッドポイントが示すとおり，M＆A文脈における人権デュー・ディリジェンスは「最も影響が深刻な人権リスク（the most severe human rights risks）」に焦点を当てるべき，との考えが示されています。ここでいう

「最も影響が深刻な人権リスク」とは，いわゆる「顕著な人権課題」を指します。

したがって，自社にとっての「顕著な人権課題」をすでに特定していれば，その切り口から被買収会社に対して調査を実施することが最優先となります。買収を経て被買収会社が自社の連結グループに組み込まれることになれば，グループ会社にその時点で求めている「顕著な人権課題」への対応を，被買収会社に対しても同様に求めることになります。そのため，買収前から被買収会社の人権への取組みを自社の「顕著な人権課題」の観点から把握・確認しておくことは，合理的な取組みといえます。

加えて，被買収会社自身が「顕著な人権課題」を特定していれば，被買収会社自身の「顕著な人権課題」に対する取組み状況を確認することも有効です。なお，自社でも被買収会社でも「顕著な人権課題」が特定されていない場合は，ILO中核10条約が規定する人権課題（結社の自由及び団体交渉権の効果的な承認，強制労働の廃止，児童労働の撤廃，雇用及び職業における差別の排除，安全で健康的な労働環境）を最低ラインとして調査する方法が考えられます。

②　M＆A局面における人権デュー・ディリジェンスで調査すべきポイント

M＆A局面における人権デュー・ディリジェンスの実務は，まだ発展途上であり確固たる評価手法が確立しているわけではありません。したがって，KPMGでは，上述のWBCSDのガイドラインを参考としつつ，一般的なデュー・ディリジェンスの経験則や広くエクイティマーケットにおける機関投資家やESG評価機関が活用する手法をベースに調査する方法が，企業実務に鑑みると現時点では妥当性が高いと整理しています[56]。

KPMGでは一般的なデュー・ディリジェンスの経験則やESG評価機関対応等の知見をもとに，M＆A局面における人権デュー・ディリジェンスのなかで調査するべきポイントを４点特定しています。体系的に整理すると，図表３-17のとおりです。

図表３-17　M＆A局面における人権デュー・ディリジェンスで調査すべき４つのポイント

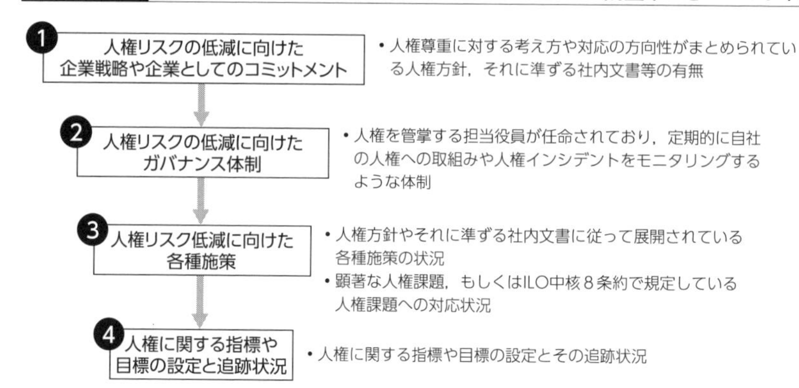

（出典：KPMGにて作成）

以下では，図表３-17で示すポイントに沿って，M＆A局面における人権デュー・ディリジェンスのポイントを解説します。

ｉ）人権リスクの低減に向けた企業戦略や企業としてのコミットメント

組織を挙げて体系的に人権リスクの低減に取り組むためには，核となる戦略や方針が不可欠です。PDCAサイクルに基づく人権マネジメントの確認という観点から，企業としての人権尊重に対する考え方や対応の方向性がまとめられている人権方針，それに準ずる社内文書等の有無は調査すべき重要なポイントです。踏み込めるのであれば，人権方針や社内文書等が取締役会レベルの適切な会議体で承認を受けているのか，さらには方針や社内文書の規定内容がOECDガイドラインや国連指導原則といったグローバル・スタンダードの要求事項を満たしているのか等を調査することも望ましいと考えます。

ⅱ）人権リスクの低減に向けたガバナンス体制

人権方針やそれに準ずる社内文書と同様に，PDCAサイクルに基づく人権マネジメントの確認という観点から，人権リスクの低減に向けたガバナンス体制の整備状況は調査すべき重要なポイントです。すなわち，人権を管掌する担当役員が任命されており，定期的に自社の人権への取組みや人権インシデントをモニタリングするようなガバナンスの効いた体制が整備されているかを確認する必要があります。ただし，現時点においては，上場企業であっても人権管掌役員が明確に任命されていない場合が多いのが実情です。したがって，M&A局面における人権デュー・ディリジェンスでは，少なくとも取締役会において人権リスクの重要性や人権に対する取組みについて発議する機会が設けられているか，または取締役会の議題として取り上げることを妨げる仕組みはないかを調査することが一案として考えられます。

ⅲ）人権リスク低減に向けた各種施策及び顕著な人権課題またはILO中核10条約が規定する人権課題への対応状況

人権方針やそれに準ずる社内文書に従って展開されている各種施策の状況も，PDCAサイクルに基づく人権マネジメントの確認という観点からは重要です。具体的な個々の施策は企業により異なりますが，調査視点の一例としては以下の項目が挙げられます。

- 自社グループの従業員の就労環境や働きやすさ等を調査するアセスメント（例：ストレスチェック，コンプライアンス調査，従業員満足度調査，組織診断等）の実施有無，実施している場合はアセスメントの対象範囲，実施頻度，実施結果に対するフォローアップ状況
- 危険作業に従事する必要がある場合は，適切な保護具等を従業員に対して提供しているか
- 寮等を提供している場合は，住居としての適切性を管理しているか
- 緊急事態発生時のルールや対応マニュアルの有無，ルールやマニュアルがある場合は，英語もしくはグループ従業員が適切に理解できる言語への翻訳状況
- 自身の権利が侵害されていると感じる個人が，その実態を報告し救済を求めるための通報窓口として内部通報制度が整備されているか，また通報事案を受けて再発防止策が適切に展開されているか
- 内部通報制度を設置している場合は，その実効性を高めるためにも利用対象者に対して研修等を通じて制度の存在を周知し，利用可能性を高めているか

自社や被買収会社が「顕著な人権課題」を特定している場合は，「顕著な人権課題」に紐付き策定されている人権リスク低減に向けた具体的な施策内容を調査することが効果的です。顕著な人権課題の特定状況や，それに紐付き策定される個別施策の内容は各企業によって異なりますが，ILO中核10条約が規定する人権課題への対応状況を確認するための調査視点は以下の例示のとおりです。

児童労働の撤廃（ILO条約138号・182号）
• 児童（満15歳未満）の就業を，人事規程等の社内文書において明確に禁止しているか • グループ会社を含み自社には児童労働がないことを確認しているか • 取引先の選定に際しては，児童（満15歳未満）の就業禁止及び実態としても児童労働がないことを，根拠資料を通じて確認し取引を開始しているか • 年少者（満18歳未満）及び未成年者（満20歳）の雇用を適切に管理する仕組みを構築しているか
強制労働の廃止（ILO条約29号・105号）
• 外国人従業員等がいる場合，パスポートを取り上げていないか • 外国人従業員等がいる場合，保証金または保証金の性格を有するものを，当人から徴収していないか • 仕事中に失踪した外国人従業員等はいないか
雇用及び職業における差別の排除（ILO条約100号・111号）
• 差別やハラスメントを防止することを目的とした社内文書等が策定されているか • 差別やハラスメントの発生を防止するための施策を講じているか
結社の自由及び団体交渉権（ILO条約87号・98号）
• 労働組合等は組織されているか • 新たな労働組合の設立や組合への加入を制限するルール等が定められていないか，また新規設立や加入を阻むような社内慣行や企業文化が形成されていないか
安全で健康的な労働環境（ILO条約155号・187号）
• 安全保護具等は，会社側から適切に提供されているか • 工場等で働くすべての従業員が理解できる言語で緊急時の対応マニュアル等が整備され，浸透しているか

iv）人権に関する指標や目標の設定と追跡状況

人権は，気候変動や人的資本といったその他のESGテーマと比較すると，対応状況を定量的に把握しにくいテーマです。一方で，国連指導原則の原則20では「人権への負の影響が対処されているかどうかを検証するため，企業はその対応の実効性を追跡評価すべきである。追跡評価は，適切な質的及び量的指標に基づくべきである。」との言及がなされており，人権に関する指標や目標も，PDCAサイクルに基づく人権マネジメントの観点から調査することが期待されています。

指標や目標が設定されていれば，人権リスクの低減に向けた施策の進捗状況を客観的に判断しやすく，またガバナンスも効かせやすくなります。反対に，指標や目標が設定されていなければ，人権リスク低減に向けた施策それ自体が有効に機能していない可能性があるため注意が必要です。

指標や目標の内容は，人権リスクの低減に向けた個々の施策に応じて異なりますが，調査視点の一例としては以下の指標が挙げられます。

- サプライチェーンにおける人権デュー・ディリジェンスのカバレッジ（%）
- 取引先に対する人権アセスメント調査票の評価項目の適合率（%）
- 取引先に対する人権アセスメント調査票の評価の改善率（%）
- 人権勉強会／説明会／ワークショップ等の開催回数（回）及び参加率（%）

M＆Aにおいて対象となる被買収会社が非上場企業や中小企業であれば，人権に対する認識や理解が進んでおらず，自社の状況を体系的に整理できていないケースが想定されます。もっとも，日本で事業を展開している会社であれば，「人権」という軸で整理がされていないだけで，何らかの取組みは実施されているケースが多いと考えられます。インタビューや質問の仕方を工夫しながらすでに実施できている取組みを把握しつつ，取組みができていない空白となっている領域をあぶり出し，買収に伴う潜在的な人権リスクを適切に検出することが肝要です。

③　M＆A局面における人権デュー・ディリジェンスで特定した人権リスクへの対応

上述した調査ポイントを踏まえて特定した被買収会社の人権リスクや人権リスクへの対応状況の評価結果は，実際の買収手順のなかに織り込む必要があります。図表3-18は，KPMGの経験則に基づきながら，M＆A局面における人権デュー・ディリジェンスで特定した人権リスクへの対応を整理したフレームワークです。大別すると，特定した人権リスクには4パターンの対応方法が挙げられます。

図表3-18　M＆A局面の人権デュー・ディリジェンスで特定した人権リスクへの対応

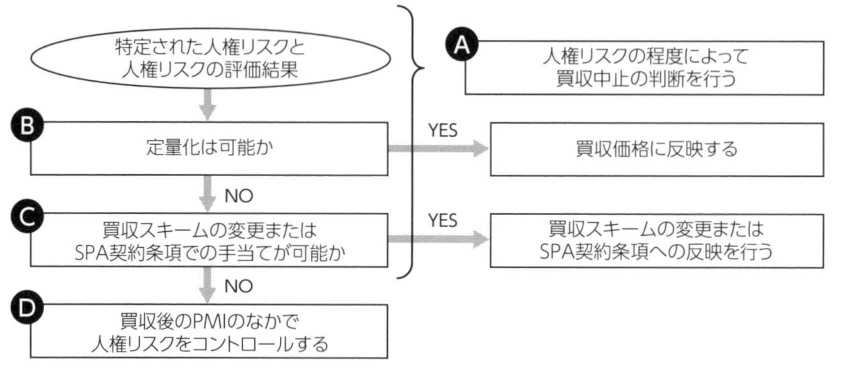

(出典：KPMGにて作成)

Ⓐ　人権リスクの程度によって買収中止の判断を行う

人権リスクが顕在化した場合のインパクトが非常に大きく，買収価格への反映や買収スキームの変更，またSPA（Stock Purchase Agreement）契約条項[57]で手当てを講じたとしても，許容可能な水準までリスクを低減することが難しい場合には，買収中止の判断を下さざるを得ないことが想定されます。例えば，被買収会社のビジネスの根幹に関わる重要な調達先において，深刻な児童労働や劣悪な環境下における強制労働が日常的に発生していることが明らかとなり，短期的に解消することが困難で短期的な時間軸のなかでビジネスそれ自体の持続可能性すら損なわれる可能性が極めて高いと判断されるような場合が，これに該当すると考えられます。

Ⓑ　（定量化を検討したうえで）買収価格に反映する

人権リスクが顕在化した場合のインパクトや，特定した人権リスクに対応するためのキャッシュ・アウトの定量化が可能な場合は，買収価格に反映させることが，理論的には想定されます。一方で，人権リスクの金銭的な定量化は極めて難しく，そのような実務慣行が現時点で確立しているわけではありません。したがって，実務的にはM＆A局面で人権デュー・ディリジェンスを実施し，特定した人権リスクへの手当てとしてこのパターンが選択されることは極めて稀であると想定されます。

❸ 買収スキームの変更またはSPA契約条項への反映を行う

買収価格への反映が困難な場合や，人権リスクを特定するために必要な正確な情報が，人権デュー・ディリジェンスを実施する過程のなかで被買収会社から十分に提供されないような場合は，買収スキームの変更やSPA契約条項における手当て（例：表明保証[58]，特別損害賠償，クロージング・コンディションへの追加[59]等）を通じて，人権リスクに対応することが想定されます。

❹ 買収後のPMIのなかで人権リスクをコントロールする

上記❷及び❸を通じた対応が難しい場合には，買収後のPMI（Post Merger Integration）を通じて人権リスクをコントロールする必要があります。Ｍ＆Ａの個別案件の状況に応じて異なりますが，実務的にいえばＭ＆Ａ局面における人権デュー・ディリジェンスを通じて特定される人権リスクは，PMIにおけるコントロールで手当てされるケースが大半であることが想定されます。

例えば，被買収会社に対する人権デュー・ディリジェンスを通じて，従業員の労働安全衛生の確保や人権尊重に関する独立した方針が策定されておらず，一般的な就業規則等の人事規則の存在のみが確認されたとします。このような場合，被買収会社の企業としての人権マネジメントに対する認識や取組みが不十分であることから，将来的に何らかの人権リスクが顕在化する可能性は想定されますが，買収時点において人権リスクが顕在化した場合の定量化を実施したり，契約上で何らかの手当てを講じたりすることは困難であることが想定されるため，買収後のPMIにおいて人権方針の策定を含む人権リスク管理体制の構築を実施することによって，人権リスクをコントロールすることが合理的だと考えられます。

人権リスクは，金銭的な定量化が極めて難しく，また，SPA契約条項の期間内で対応を完結させることも実務的には難しいケースが多いことが想定されるため，必然的にPMIにおけるリスク・コントロールの一環として対応することが多くなるでしょう。Ｍ＆Ａ実施後，被買収会社を含めて自社のビジネスの持続可能性を担保するためには，適切な人権マネジメントを早期に被買収会社に適用し，グループ全体として人権リスクを管理していくことが必要不可欠です。

コラム3

責任ある調達を推進するイニシアチブや団体

程度の差こそあれ，多くの日本企業はモノ，カネ，情報が国境を越えて移動するグローバル・サプライチェーン下で事業を展開しています。国際分業の加速や生産拠点の委託増加等に伴って，サプライチェーンそれ自体が長くなり，晒されるリスクが多様化していることと相俟って，企業に対する責任ある調達への要請は年々高まっています。

昨今では，入札要件の１つとして取引先が定めるサステナブル調達基準の遵守義務が課せられたり，責任ある調達を推進するイニシアチブや団体への加盟が取引条件として課せられたりと，責任ある調達それ自体への取組みがビジネス要件に織り込まれる動きが一般的になりつつあります。

責任ある調達の推進は，個社単体で行うよりも，同じような調達活動を展開する同業他社と協働したり，業界で統一した基準や評価方法を設定したりするほうが合理的です。昨今では，企業に対する責任ある調達の要請の高まりとともに，対応の合理化や効率化を目的とした数多くのイニシアチブや団体が形成されています。グローバルでその活動の重要性や信頼性が認識されている責任ある調達に関する代表的なイニシアチブ・団体としては，RBA及びSEDEXが挙げられます。

1　RBA

RBA(Responsible Business Alliance)は2004年にEICC(Electronic Industry Citizenship Coalition）として，電子業界全体でサプライチェーン上の課題に対応するガイドライン（行動規範）を策定することを目的に，大手電子機器メーカー12社によって設立されました。2016年には，団体への加盟資格を従来の電子機器メーカーだけではなく自動車，玩具，飛行機，IoTテクノロジー企業等の電子機器を自社製品の一部に組み込むメーカーやその委託先企業へ拡大しています。また，2017年には加盟資格や影響力の拡大を反映して名称を EICCからRBAへと変更しています。

RBA行動規範は，世界人権宣言や労働における基本的原則及び権利に関するILO宣言，国際指導原則等に代表される国際的規範に則って策定されており，「労働（人権を含む)」，「安全衛生」，「環境」，「倫理」，「マネジメントシステム（サプライチェーン管理)」という５つのセクションでさまざまな課題について取り扱っています。例えば，「労働」セクションには「雇用の自由選択（強制労働を含む)」，「若年労働者（児童労働，学生労働者を含む)」，「労働時間」，「賃金及び福利厚生」，「人道的待遇」，「差別／ハラスメントの排除」，「結社の自由」という７項目が指定されていますが，さらにその下には遵守すべき対応事項として以下のような内容が規定されています。

- 政府発行の身分証明書，パスポートまたは労働許可証等を保持したり，それらを破棄，隠匿，没収したりしてはならない。
- すべての労働者に雇用条件を含む母国語で記述された雇用契約書が提供されなければならない。
- 労働者が雇用に関連する費用を支払ったことが判明した場合は，その費用は当該労働者に返金されなければならない。

上記は，あくまでも一例にすぎませんが，このように具体的かつ明確に遵守すべき対応を規定し，行動規範に沿った対応を加盟企業のみならず，加盟企業の主要なサプライヤーに対しても同様に要求していることが，RBAの大きな特徴です。

また，加盟企業が自社サプライヤーのRBA行動規範への遵守状況を効率的に確認・評価できるよう，検証・評価プロセスを確立していることもRBAの特徴の１つです。

サプライヤー評価は，大きく分けて①デスクトップ・ベースに基づくリスク評価，②SAQ（Self-Assessment Questionnaire）に基づく評価，③VAP（Validated Assessment Program）現地監査という３つの構成からなります。まず，ステップ①では，カントリーリスク等の観点からスクリーニングを実施します。ステップ②では，主要サプライヤーと判定される，ハイリスクと判定されるなどの因子の該当数に基づいて選定したサプライヤーに対してRBAが定める共通フォーマットのSAQを送付し，特定したリスクの管理状況やRBA行動規範に基づく事業の実態を調査します。そして，SAQに回答したサプライヤーのなかからリスクや仕入額に基づいて選定したサプライヤーに対しては，ステップ③としてRBAが承認した第三者監査機関がRBA独自のメソッドに基づく現地監査を実施します。

RBAは，高いレベルの基準と厳格な評価システムを背景に，グローバルで信頼を得ています。RBAへの加盟には収益に応じた年会費がかかりますが，RBAに加盟し，RBA加盟の要求事項に沿った一連の取組みを自社のサプライチェーンに展開することによって，加盟企業とその業界全体がサプライチェーンにおけるESGリスクの低減という実務上の取組みを推進することができるのみならず，厳しいRBA基準をクリアする信頼性の高い企業というレピュテーションを得るといったメリットを享受することができます。本書を執筆している2022年11月８日時点で，RBAのメンバー企業としてグローバルで213社（うち日本企業は24社）が中核を担っていますが，ここに含まれない300社余りの企業がRBAの３つのイニシアチブ（責任ある鉱物イニシアチブ，責任ある労働イニシアチブ，責任ある工場イニシアチブ）に加盟しています。今後ともビジネスにおける責任ある調達の重要性の高まりとともに，加盟企業は増加していくことが予想されます。

2 SEDEX

SEDEX（Supplier Ethical Data Exchange）は2001年にイギリスの小売業者を中心に設立された会員制のサステナビリティデータ及びインサイトを提供する組織です。バイヤーとサプライヤーがともにリスクを管理することを通じて持続可能なサプライチェーンを確立することを目的に，会員企業の人権や環境等，社会的な潜在リスクに関する情報を一元管理し，共有するプラットフォームを提供しています。

会員企業の主なインダストリーは衣服，製造，食料品，加工商品が中心ですが，昨今では製造業に限らずサービス業や人材派遣業，商社といった企業の加盟が増えています。なお，会員レベルとして利用目的別にバイヤー会員，バイヤー／サプライヤー会員，サプライヤー会員という３種類が設定されており，自社に合った会員レベルを選択する必要があります。

- バイヤー会員：バイヤー向けの会員資格で，政府系組織や商社等が該当します。他会員の情報を閲覧することができます。
- バイヤー／サプライヤー会員：バイヤー向けの会員資格で，製造業等が該当します。他会員の情報の閲覧に加えて，自社の情報を他のバイヤーに共有することができます。
- サプライヤー会員：サプライヤー向けの会員資格で，主に原料サプライヤー等が該当します。自社の情報をバイヤーと共有することができます。なお，自社情報をプラットフォーム上に掲載することはできますが，他社情報を閲覧することはできません。

バイヤー／サプライヤー会員及びサプライヤー会員の企業は，SEDEXが提供する共通化された自己評価シートに沿って自社サプライチェーンにおけるESGリスクへの対応状況を回答するとともに，その回答内容を共通プラットフォーム上で公開することが求められます。

また，SEDEXはサプライチェーンを監査する仕組みやメソドロジーの共通化を図っており，会員企業はSEDEXが認可する監査機関から受けた監査結果をプラットフォーム上で公開することも可能です。この監査メソドロジーは，SMETA（SEDEX Members Ethical Trade Audit）と呼ばれ，「労働基準」，「安全衛生」，「環境」，「ビジネス倫理」の４項目から構成されています。監査は現場観察，文書レビュー，労働者及びマネジメントへのインタビューというプロセスから構成されており，各領域に関する方針，プロセス，研修，改善活動，モニタリング等，マネジメント体制の整備状況や管理の実態が評価されます。なお，SEDEXは，SEDEX自身による監査や監査基準への適合状況を認証するサービス等は提供しておらず，あくまでも共通基準／メソドロジー及び情報共有のためのプラットフォームを提供する立場であることには留意が必要です。

自社のアンケートへの回答状況や監査結果をオンラインプラットフォーム上で広く共有できることから，会員企業は複数顧客から依頼を受ける「責任ある調達アンケート」に一括して対応できるというメリットを享受できます。本書を執筆している2022年11月時点でのSEDEXの最新のアニュアルレポートによると，バイヤー会員及びバイヤー／サプライヤー会員はグローバルで1,200社／組織以上，サプライヤー会員は6.5万社以上であることが公表されています。ビジネスにおける責任ある調達の重要性が高まり続けているため，会員数は増加しています。

コラム４

地域コミュニティに対する人権デュー・ディリジェンス

地域住民や先住民等を含む地域コミュニティと良好な関係を構築・維持することは，ビジネスの持続可能性を高めるうえで必要不可欠な対応です。特に，建設業や資源開発等，地域コミュニティの生活に影響を及ぼす可能性のある事業を展開する企業であれば，地域コミュニティ（地域住民や先住民）に対して人権デュー・ディリジェンスを実施する必要性は一層高まります。地域コミュニティにおいて発生する可能性のある人権への負の影響を理解するうえでは，本書第２章**4**(3)でも取り上げた，経団連が発行する「人権を尊重する経営のためのハンドブック」の内容が参考になります。本ハンドブックでは，業種別[60]に日本企業がグローバル・サプライチェーンにおいて直面する可能性のある人権リスクの一例が示されています。業種ごとに，特に地域コミュニティにおいて発生する可能性のある人権リスクを抜き出すと，図表３-19のように整理されます。

図表３-19で示すとおり，企業が事業活動を通じて地域コミュニティに与える恐れのある代表的な人権への負の影響としては強制立ち退きや生活文化の破壊等が挙げられますが，それだけでなく，水質汚染による水へのアクセスの遮断や違法な森林伐採といった環境問題を発端とする事象にも人権に対する負の影響が関連することには留意が必要です。

2022年７月，国連総会で「清潔，健康的でかつ持続可能な環境へのアクセス」

が，普遍的な人権として決議されました。健全な環境を享受する権利は，気候変動による被害等，環境破壊のなかで生活する人たちの間では長年認識されてきましたが，この決議によって国家，国際機関，企業に対し，すべての人にとって健全な環境を確保するための努力がより一層求められることになったといえるでしょう。

図表3-19　地域コミュニティにおいて発生する可能性のある人権リスクの例

業界	人権リスク（例）
アパレル	有害物質を含む排水の放出による水質汚染に伴う健康への影響
農林水産業・食品	農地開拓に伴う強制立ち退き，違法な森林伐採による先住民の生活破壊
資源・エネルギー	開発に伴う強制立ち退き，水源汚染による水へのアクセス，先住民の居住地に存在する現場開発による生活文化への影響
建設・建機	開発に伴う強制立ち退き，先住民の生活文化への影響
自動車	有害物質を含む排水の放出による水質汚染に伴う健康への影響
電子機器・ICT	紛争鉱物の採掘による環境破壊
日用品・化学	パーム油農園開発に伴う強制立ち退き，有害物質を含む排水の放出による水質汚染に伴う健康への影響

(出典：経団連「人権を尊重する経営のためのハンドブック」をもとにKPMGにて作成)

例えば，ダムや道路等のインフラ建設に伴う強制立ち退きは，多くの国で起こっており，政府が住民に対する補償を十分に行っていないケースが指摘されています。そのような場合，住民の生活水準の低下，貧困を悪化させることにもつながり，人権に対する負の影響は大きくなる可能性があることを認識する必要があります。大規模な建設・開発プロジェクトになると日本企業が建設を受託する，または開発プロジェクトへ投資する，といった関わり方が想定されますが，自社が開発の主体でない場合にも，適切な移住計画が策定されているか，地域住民への補償が適切に行われているか，強制的な立ち退きの事実がないかを確認する仕組みを整えておくことが重要です。開発主体に対する事前評価を実施し，契約において強制的な立ち退きを禁止する条項を設けるほか，地域のNGOや市民団体と協働し，住民の実態調査を行うことも有用です。製紙用のパルプやパーム油等の農地開発においても地域住民と協議を十分に行わないままに開発が進められていることも指摘されています。企業にとっては，これらの原材料調達においても地域コミュニティへの影響を考慮し人権デュー・ディリジェンスを行うことが重要ですが，自社の調達先は必ずしも原材料の生産者とは限りません。このような場合は生産者と直接取引を行っている企業と協力し，調達地域で活動するNGO等を通じてステークホルダーへアプローチしていくことなども必要と考えられます。

4　グリーバンス・メカニズムの構築

(1)　グリーバンス・メカニズムの類型

国連指導原則では，「人権を保護する国家の義務」，「人権を尊重する企業の責任」に加えて「救済へのアクセス」を３つ目の柱としています。この「救済へのアクセス」を担保する仕組みは，「グリーバンス・メカニズム」（または，苦情処理メカニズム）と呼称されています。

国連指導原則の原則25の解説文にて，グリーバンス・メカニズムの目的を，「人権にもたらされた害を除去しまたは補償することである。救済には，謝罪，原状回復，リハビリテーション，金銭的または非金銭的補償だけでなく，処罰的な制裁（罰金などの刑事罰または行政罰）や，例えば行為停止命令や繰り返さないという保証などによる損害の防止を含む」と定義しており，企業には，企業規模の大小にかかわらず，人権デュー・ディリジェンスの実施と併せてグリーバンス・メカニズムを構築することを求めています。効果的なグリーバンス・メカニズムの運用は，人権にもたらされた害の除去や救済だけでなく，問題の早期発見を通じた人権に対する負の影響の防止にもつながります。

国連指導原則の考え方に基づくと，グリーバンス・メカニズムは，図表３-20で示すとおり「国家基盤型の司法的メカニズム」，「国家基盤型の非司法的メカニズム」，「非国家型のグリーバンス・メカニズム」という３類型に分けられます。

1の「国家基盤型の司法的メカニズム」とは，容易に想像できるとおり，民事及び刑事の裁判を通じて，人権に対する負の影響を救済する手段です。

2の「国家基盤型の非司法的メカニズム」とは，行政や立法の司法的メカニズムを補完する役割の救済手段であり，具体的にいえば，第２章**1**⑵②で言及したOECD多国籍企業行動指針によって設置が要請されているNCP（ナショナ

図表3-20 国連指導原則に基づくグリーバンス・メカニズムの類型

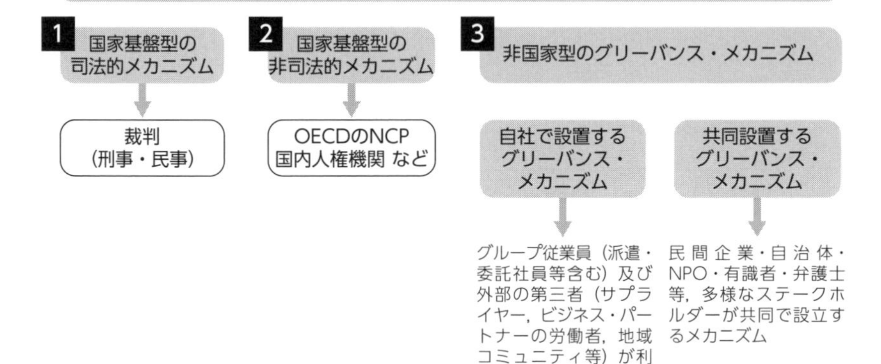

（出典：国連指導原則をもとにKPMGにて作成）

ル・コンタクト・ポイント）や，国内人権機関[61]を通じた人権に対する負の影響の救済等が該当します。

企業が人権マネジメントの一環として実務的対応が求められている取組みは，3の「非国家型のグリーバンス・メカニズム」の構築です。なお，「非国家型のグリーバンス・メカニズム」には，「自社で設置するグリーバンス・メカニズム」及び「共同設置するグリーバンス・メカニズム」という２つの側面から対応することが求められています。

前者の「自社で設置するグリーバンス・メカニズム」に対応するためには，人権侵害の通報に特化する専用メカニズムを新たに導入する方法と既存の内部通報制度等を活用する方法の２通りのアプローチが想定されます。新たに専用メカニズムを導入するかの判断は，自社のビジネスモデルの固有性やインダストリーに内在する人権リスクの重要性に応じて異なりますが，インダストリーの特性上，人権リスクの重要性が高く，先進的な人権マネジメントに取り組む企業は，人権に特化した専用メカニズムの導入や運用[62]を進めています。

一方で，多くの日本企業は，限られた経営資源／リソースを考慮し，人権専用の通報窓口を新たに導入するよりも，内部統制管理の一環としてすでに設置している内部通報制度，顧客向けのカスタマーセンター，取引先向けのホットライン等を活用することで，国連指導原則が求める「自社で設置するグリーバンス・メカニズム」の構築に対応しています。このような既存制度を活用すること自体に問題はありませんが，国連指導原則の原則31では，「グリーバンス・メカニズム」としての実効性を確保するために必要な８要件が明確化されているため，既存のメカニズムを活用するにあたっては，各メカニズムの手続きや対応状況を棚卸しして，国連指導原則が求める要件を既存のメカニズムが適切に網羅していることを確認・評価することが肝要です。国連指導原則がグリーバンス・メカニズムに求める８要件の概要や企業実務としての対応ポイントについては，次の⑵で解説します。

後者の「共同設置するグリーバンス・メカニズム」に関していうと，代表的な例としては，業界団体・弁護士・人権の専門家・NGO等が協働で提供するグリーバンス・メカニズムが挙げられます。このような共同設置型のグリーバンス・メカニズムは，各社に共通する課題（例えば，外国人労働者に関連する相談やトラブルなど）については，一社単体で取り組むよりも協働で対処したほうが，効果的かつ効率的だという考えに基づいており，ここ最近の日本ではさまざまなステークホルダーによる設置の動きが活発化しています。

このようなメカニズムを活用するためには，通報者の所属企業や通報者が所属する企業の取引先企業が，当該メカニズムの会員等になっている必要がありますが，通報者視点から考えると，企業が共同設置型のグリーバンス・メカニズムの会員になると通報可能な窓口の選択肢が増えるため，相談／通報したい内容の性質や自身が置かれている状況に合わせて，通報先を柔軟に使い分けることが可能となり，心理的負担の軽減につながることが期待されます。また，運用が進んでいけば，共同設置型のグリーバンス・メカニズムで救済実務に携わる担当者に，人権課題ごとの固有性やインダストリー特性を踏まえた知見・経験が蓄積されていくことが想定されるため，利用者に寄り添った，一層効果的な対応につながることも期待されます。

⑵ 「自社で設置するグリーバンス・メカニズム」が網羅すべき要件

国連指導原則では，「苦情処理メカニズムは，対象となる人々がそれを認知し，信頼し，使用することができる場合にのみ，その目的を果たすことができる」と説明されています。そして，正当なグリーバンス・メカニズムとみなされ，その実効性を担保するためには，原則31が示す８要件（図表３-21）を，

図表3-21　グリーバンス・メカニズムとしての実効性を担保するためのポイント

実効性担保のための８要件		企業実務におけるポイント
①	正当性	•利用者から信頼される正当性を備えること •苦情処理プロセスの公正な遂行に干渉できないよう責任の所在を明らかにすること
②	アクセス可能性	•利用者であるステークホルダーに認知されていること •グリーバンス・メカニズムへのアクセスに際して障壁に直面する人々に対し，適切な支援を提供すること
③	予測可能性	•利用者の信頼を得るために，通報対応プロセスと各段階における所要期間の目安を明確に説明すること
④	公平性	•利用者に対し，必要な情報，専門知識及び助言へのアクセスを与え，手続きの公正さを確保すること
⑤	透明性	•個別の通報について，通報者との関係で通報対応の進捗を適時に共有すること •グリーバンス・メカニズムに寄せられた通報の全体について，統計や具体的事案の対応に関する詳細情報を利用者全体に提供すること
⑥	権利への適合性	•グリーバンス・メカニズムによる救済の結果が，国際的に認められた人権と合致していること
⑦	継続的学習	•再発防止のために，グリーバンス・メカニズムを通じて寄せられた通報の頻度や要因を定期的に分析すること
⑧	エンゲージメント及び対話	•グリーバンス・メカニズムの設計や運用に関して，ステークホルダーと対話すること

(出典：国連指導原則をもとにKPMGにて作成)

網羅する必要性があると記されています。

上述したとおり，特に内部通報制度等に代表される既存のメカニズムに，人権侵害の救済を目的としたグリーバンス・メカニズムの機能をもたせるためには，自社の既存のメカニズムが，図表３-21で示す８要件に適合しているか否かを確認・評価するとともに，仮に不足があれば，不足している要件を補う取組みに早々に着手することが肝要です。

以下では，企業の実務的観点を踏まえながら，国連指導原則の原則31が示す８要件に対応する際のポイントを解説します。

①　正当性

1つ目の要件は，正当性の確保です。国連指導原則は，グリーバンス・メカニズムの利用者の視点に立ち，利用者が信頼してメカニズムを利用できるよう，企業に対してメカニズムの正当性の確保を求めています。国連指導原則の原則31の解説文[63]では，正当性を確保するためには，責任所在の明確化を図ることがポイントであると説明されています。ここでは，責任所在の明確化に取り組むための実務的なポイントを2点解説します。

ｉ）各ステークホルダーに紐付く社内の担当部署の明確化

まず**1点目**は，自社を取り巻く各ステークホルダーがリーチ可能なメカニズムを企業として提供できているか（＝既存のメカニズムによって各ステークホルダーをカバーできているか）を確認し，各ステークホルダーに紐付く社内の担当部署の所在を明らかにする必要があります。自社を取り巻くあらゆるステークホルダーからの通報／相談を一挙に受ける窓口を設置している企業は，インダストリーによっては一部見受けられますが，自社従業員には内部通報窓口を，顧客向けにはカスタマーセンターを，取引先には専用ホットラインを，といった具合にステークホルダーに応じて通報／相談窓口を分けて設置するほうが，多くの日本企業にとっては一般的な慣行だと推察されます。

企業を取り巻く重要なステークホルダーはさまざまですが，各ステークホルダーに紐付く社内の責任所在を明確化するためには，既存のメカニズムごとに，そのメカニズムの役割，利用対象となるステークホルダー，所管部署及び責任者等を棚卸しし，各ステークホルダーが何らかのメカニズムを利用できる環境下に置かれていることを確認する必要があります。各メカニズムを棚卸しすることによって，例えば地域住民やNGOといったステークホルダーからの通報／相談を広く受け付ける窓口がない，あるいは通報／相談を受け付ける体制はあっても実態として機能していないことが明らかになる等のケースが想定され，改善すべきポイントを明確にすることができます。

ⅱ）国連指導原則が要求する救済機能の有無の確認

2点目は，各メカニズムの詳細や運用実態の棚卸し過程のなかで，既存のメカニズムに国連指導原則が求める救済機能が備わっているかを確認し，十分な救済機能が備わっていない場合には対応策を具体的に検討することです。既存のメカニズムに国連指導原則が求める救済機能をもたせる方法は，各企業の状況に応じて異なりますが，例えば，各メカニズムの担当者には既存フローに沿った対応を継続してもらいつつ，各メカニズムの担当者と密に連携する人権侵害の救済に特化した専任担当者を設けて，人権の観点からあらゆる通報／相談案件をフォローしてもらう，あるいは，各メカニズムの既存の対応フローを見直して，人権侵害の救済機能を各担当者の責任範囲に明確に織り込む等の対応が考えられます。このような対応を検討する際には，人権侵害の救済にかかる対応実務をモニタリングする管掌役員（例：法務コンプライアンス担当役員やサステナビリティ担当役員等）や会議体（例：サステナビリティ委員会や取締役会等），及び，適切な会議体への報告経路等も併せて明確化しておくことがポイントです。

なお，社内の人的リソースのみで，既存の各メカニズムに救済機能をもたせることが難しい場合には，独立した立場の人権専門家や弁護士等を活用することも考えられるため，費用等の面を含めて，現実的に自社として投入可能なリソースを検討することも肝要です。

②　アクセス可能性

２つ目の要件は，通報者にとってのアクセス可能性を確保することです。特に国連指導原則の原則31からは，アクセス可能性を確保するための具体的な要件として，(i)（グリーバンス・メカニズムそれ自体が）通報者である各ステークホルダーに十分に認知されていること，(ii)グリーバンス・メカニズムへのアクセスに際して困難[64]に直面する人々に対する配慮や支援の提供という２点への対応が求められています。

(i)　利用者であるステークホルダーからの十分な認知

グリーバンス・メカニズムに対する認知を高めるためには，通報者となるステークホルダーごとに，グリーバンス・メカニズムにかかる周知・啓発活動を地道に継続することが不可欠です。

例えば，自社従業員に対するグリーバンス・メカニズムの代表的な周知・啓発活動としては，社内通達・社内報・社内電子掲示板・携行用カード等を通じた周知の徹底，グリーバンス・メカニズムに関する定期的な研修や説明会の開催等が挙げられます。また，イントラネットのトップページ等，目につきやすいところにグリーバンス・メカニズムの通報／相談窓口へのリンクを付けておくことも重要な取組みです。

また，調達先や取引先に対する活動としては，新規の取引契約開始のタイミングや既存契約の更新タイミングに際して通報／相談窓口へのアクセスや利用方法等を周知する，責任ある調達や人権デュー・ディリジェンスの一環として実施する個社別のエンゲージメントや合同で実施する説明会／勉強会の場で周知を徹底する等の対応が考えられます。

自社従業員や調達先等と比べて定期的なコミュニケーションが頻繁に発生しにくいステークホルダー（例えば，地域コミュニティやNGO等）に対しては，個別のエンゲージメント機会を活用し，通報／相談窓口についての周知を徹底する，あるいは自社HPのわかりやすい位置に通報／相談窓口のリンクを掲出するなどの配慮を行うことがポイントです。

(ii)　グリーバンス・メカニズムへのアクセスに際しての配慮

グリーバンス・メカニズムへのアクセス可能性を確保するためには，特に人権が侵害されやすい脆弱な立場にある人々の声をしっかりと拾い上げることを意識し，グリーバンス・メカニズムへのアクセスに際して困難に直面する人々に対して配慮や支援を実施することも重要です。国連指導原則の原則31の解説文のなかでは，配慮する具体的観点として「使用言語」，「識字能力」，「費用」，「所在地の問題」，「報復に対する恐れ」という５項目が挙げられています。

ａ．「使用言語」──通報者が使用する言語に配慮しているか

各企業のビジネスモデルの固有性やインダストリーの特徴によって対応の優先度は異なりますが，事業展開国や主要な取引先が所在する国・地域を踏まえ，日本語や英語といった主要言語のみならず，各国・地域の現地語といった複数言語に対応できる体制を整備することが重要です。実務的な運用を考えると，一度に複数言語に対応する体制を構築することは難易度が高いため，例えば，特に人権リスクが高いと想定される国・地域の言語から対応する，あるいはビジネス上のインパクトが大きい国・地域の言語から対応するなど，優先順位を付けながら複数言語への対応を進めていくことが現実的だと考えられます。また，各国の現地語に対応する手段としては，現地のNGOや人権の専門家と協働するということも考えられます。すでに，グローバルでビジネスを展開し，

広大にわたるサプライチェーンを有する海外の大手企業は，現地の人権NGOと協働することで，自社のリソースだけでは網羅できない言語的制約に対応しています。

b．「識字能力」，「費用」，「所在地の問題」──通報の受付窓口に制限はないか

グリーバンス・メカニズムに該当する新規の受付窓口を設計する，あるいは既存のメカニズムの受付窓口を見直す際には「識字能力」，「費用」，「所在地の問題」という３点に留意する必要があります。例えば，通報／相談事案の受付は，メールアドレスやHPだけでなく電話等からも受け付ける，通報者には金銭的負担は一切生じないことを通報／相談事案の受付時に重点的に周知する（例：受付フォーマットに明記する等），利用者の所在国・地域によって通報／相談が制限されないよう24時間通報可能なメールアドレスを設定する等の対応が考えられます。また，先進的な取組みを進める企業では，スマートフォン等からアクセス可能なグリーバンス・メカニズムの専用アプリを導入・活用する動きを進めています。IT技術を活用することで，グリーバンス・メカニズムへのアクセス可能性を高めることは極めて重要な取組みです。

c．「報復に対する恐れ」──通報することで報復にあわないか

「報復に対する恐れ」の解消に関していえば，当然の対応ではありますが匿名通報を受付可能にすることや，情報管理や秘密保持の徹底を図ることが重要です。具体的にいえば，グリーバンス・メカニズムを通じて収集した情報の管理を徹底したうえで情報共有を許容する範囲を必要最小限に留める，あるいは通報者の人事に裁量権を有する第三者をグリーバンス・メカニズムのプロセスに関与させない体制を徹底する等の対応が挙げられます。

③　予測可能性

３つ目の要件は予測可能性の確保です。具体的にいうと，グリーバンス・メカニズムを構成する具体的なプロセスや，各段階に要する時間等を，可能な限り通報者に対して共有・説明することが求められています。

国連指導原則のなかには，グリーバンス・メカニズムを運用するための具体的なプロセスや手順等が明記されておらず，また，企業としても，現時点においては，既存のメカニズムを活用しながら，人権侵害の救済に資するグリーバ

ンス・メカニズムの構築と運用に試行錯誤しているのが現状です。

OHCHR（国際連合人権高等弁務官事務所），NGO，ビジネスと人権に関する活動を推進する団体等は，企業が実効性のあるグリーバンス・メカニズムを構築するための参考として，さまざまなペーパーやガイドライン[65]を公表しています。このような資料を参考にすると，グリーバンス・メカニズムは１，通報／相談の受付[66]，２，通報／相談事案の審査及び事実関係・深刻度の調査[67]，３，対話の促進または（対話を通じた解決が難しい場合には）是正措置の決定と執行[68]，という３ステップから運用することが望ましい姿だと解釈できます。実務的な運用においては，将来的な展開を見越して，対応ステップを明確化することは困難だと想定されますが，通報／相談事案の進捗状況や今後の方向性，今後の対応に要する目安時間等の情報については，通報者に小まめに共有・説明し，グリーバンス・メカニズムへの信頼性を確保するとともに，通報者に安心感を与えることが肝要です。

④　公平性

４つ目の要件は公平性の確保です。国連指導原則の原則31からは，通報者が必要な情報源・助言・専門知識等に正当にアクセスできるような体制を整備することが求められています。これは，特に企業相手に個人が申立てを行うようなケースにおいて，専門知識や費用を支払う財源等の観点から個人の対応能力が企業に劣るという不均衡が懸念されて設定された要件です。企業の実務的な対応でいえば，少なくとも，（人権に関する専門知識等を有する）NGOや弁護士等が，侵害を受けた個人の代弁者（代理人）として企業のグリーバンス・メカニズムに通報するようなケースが発生した場合，そのような通報をグリーバンス・メカニズムの設計上妨げないこと等が考えられます。

⑤　透明性

５つ目の要件は透明性の確保です。企業の実務的対応としては，通報者に対して，通報／相談事案の進捗状況を継続的に共有すること，そしてグリーバンス・メカニズムの透明性を広く確保することを目的として，対外的にグリーバンス・メカニズムのパフォーマンス（例えば，通報／相談事案数の統計や通報／相談事案への対応結果など）にかかる情報を開示したり，個別のエンゲージメントを通じて共有したりすることだと解されます。

グリーバンス・メカニズムのパフォーマンスにかかる情報を対外的に示すにあたっては，当然のことながら，通報者個人や関係者にかかる情報の秘匿性を保持し，非開示を希望する通報者が特定されないよう配慮することが不可欠です。個人情報への配慮を前提としつつ，グリーバンス・メカニズムに関する情報を開示する際の一例としては，グリーバンス・メカニズムに寄せられた年間の総通報／相談件数，通報事案のトピックス（例：ハラスメント等），総件数に示す各トピックスの内訳や割合，通報実態から考察する全体傾向，代表的な再発防止策（是正措置）等が挙げられます。

⑥　権利への適合性

6つ目の要件は，グリーバンス・メカニズムによる救済が，国際的に認められた人権[69]と適合していることを確保することです。事案によっては，人権という切り口から通報／相談を受け付けたわけではなかったものの，事実調査を進めるなかで人権の観点から救済が必要と認定されるケースや，調査を進めていくうちに通報／相談事案を受けた当初よりも関連する人権課題が広がるケースなどが想定されます。

本要件への具体的対応は，各社のグリーバンス・メカニズムの設計によって異なるところではありますが，少なくとも，グリーバンス・メカニズムに関連する業務を行う担当者に対しては，人権に関する勉強会や実務講習会等を継続的かつ定期的に実施し，人権に対する理解を深めてもらうことが重要です。

⑦　継続的学習

7つ目の要件は，グリーバンス・メカニズムに寄せられる通報／相談事案の内容や頻度から，人権侵害の発生要因を定期的に分析し，再発防止に着実に取り組むことです。本要件に実務的に対応するためには，1．実効性のあるグリーバンス・メカニズムを通じて通報／相談事案を吸い上げ，2．個別の通報／相談事案の解決・救済を図るとともに，3．個別の通報／相談事案から考察される自社固有の人権リスクを基にしながら，4．全社的な施策の立案につなげるというサイクルを確立することが重要だと考えられます。なお，自社のグリーバンス・メカニズムの運用から得られた知見は，必要に応じて，（同インダストリーに所属する）調達先や業務委託先等と共有することも一案といえます。

⑧　エンゲージメント及び対話

最後の要件は，エンゲージメントです。国連指導原則の原則31では，本要件に実務的に対応する観点が２点説明されています。

１点目は，グリーバンス・メカニズムを設計する段階で関連するステークホルダーを巻き込み，個別にエンゲージメントを実施することです。例えば，人権侵害を受けた個人の代弁者としてNGO等に代表される第三者組織からの受付を可とするグリーバンス・メカニズムの設計を検討しているのであれば，（人権に関する専門知識等を有する）NGO等とエンゲージメントを行い，第三者的観点からみたグリーバンス・メカニズムの使い勝手等について直接ヒアリングを行うといった対応が，これに該当すると考えられます。

２点目は，上述の「③　予測可能性」の内容と重複しますが，グリーバンス・メカニズムを通じて通報／相談事案の救済を図る過程において，通報者及び通報された企業の当事者間の対話によって事案解決が可能な場合には，対話を通じた解決を促すことです。通報／相談事案の内容や性質によって対話の実施可否は異なりますが，企業側の一方的判断で是正措置や解決方法を決定するのではなく，双方の合意による解決が現実的に見込める場合にはそのような解決を目指すことが求められています。

既存のメカニズムを活用しながら実効性のあるグリーバンス・メカニズムを構築するにあたっては，これまで説明してきた８要件を網羅することが必要不可欠な対応です。ただし，企業実務の観点からすると，一度にすべての要件に対応することは，限られた経営リソースに鑑みると困難な場合が多いことが想定されます。グリーバンス・メカニズムは，一度設計されたら永続的に維持・運用される性質のメカニズムではなく，運用状況や環境変化に伴って，絶えず見直されるべきメカニズムです。対応可能な部分から着手し，漸次的にメカニズムの実効性を向上させていくことが，何よりも重要な取組みです。

コラム5

顧客・消費者に対する人権デュー・ディリジェンス

一般的に人権デュー・ディリジェンスはバリューチェーンを遡る，すなわち，1次調達先，2次調達先といったように，まずは川上に向けて実施するのが一般的です。ただ，これは川下に対して何もしなくてよいということでは決してなく，顧客・消費者に対する人権デュー・ディリジェンスも可能な限り実施することが望ましい対応です。

顧客・消費者の人権は，従来までは製品・サービスの安全性という観点で担保されていました。しかしながら，昨今では顔認証技術をはじめとする新しい技術を取り入れた製品・サービスが普及するにつれて，顧客・消費者の許可なく身体情報を取得するなどといったプライバシーの侵害や，差別的なアルゴリズムによって特定の人々に利用制限が生じる，といった問題が生じています。また，製品やサービスの広告において差別的な表現が含まれることや，男女の性別役割分業を固定化する内容・表現，過剰な食品の摂取・過度な減量を助長するような内容・表現等も問題となっています。従来の製品・サービスの安全性の観点だけでは，顧客・消費者の人権を適切に尊重・保護することが十分とはいえないため，製品開発・マーケティングの観点からも人権尊重を進める必要があります。

顧客・消費者に対する人権デュー・ディリジェンスとしては，顧客・消費者に対し直接アンケートやヒアリングを行うのに先立って，関係部署の人権リスクに対する認識を評価する「リスク・アセスメント」から着手することが合理的です。下記では，例えば「商品開発部」や「マーケティング部」に対して人権リスクに関するヒアリングを実施する際のポイントを記載します。

【「商品開発部」に対して人権リスクに関するヒアリングを実施する際のポイント】

- ☑ 一部の人のアクセスが制限されないよう，ユニバーサルデザイン等を考慮し設計しているか
- ☑ 位置情報の追跡機能を備えた製品・サービスの場合，プライバシー保護の対策を十分にとっているか
- ☑ 顔認証技術等，個人の生体情報を活用する場合に，差別的なバイアスが含まれないような対策を講じているか

【「マーケティング部」に対して人権リスクに関するヒアリングを実施する際のポイント】

- ☑ 性別や人種，年齢等に関連する差別的な内容・表現が含まれていないか
- ☑ 性別や人種，年齢等に関連するイメージを固定化した内容・表現が含まれていないか
- ☑ いじめを連想させる表現や暴力的な表現を避けるなど，子どもの権利を尊重した内容・表現となっているか

技術の発展やマーケティング手法それ自体が急速に変化するなかで，人権に対する負の影響を企業として事前に把握し，あらかじめ回避することは年々難しくなってきています。顧客への人権侵害が起こった場合（製品・サービスを通じ人権侵害の原因と結び付いてしまった場合も含む）に，企業としてどのような対応をとっていくのか，その対応方針を定めておくことはもちろんですが，外部からの相談や申立てを受け付ける救済メカニズムを確立し，通報によって人権侵害が判明した場合に，迅速に対応できる体制を整えておくことが非常に重要です。

●注

1　国際法では，国家に対して，その管轄権のもとで非国家主体である企業等が人権を侵害しないように適切な政策，立法，規則等を通じて確保する義務を課しています。しかしながら，わずかな例外を除いて，国際法がグローバル企業に対して人権侵害を自制する義務を直接的に課しているわけではなく，また，義務に関する条項を執行するための手段も持ち合わせていないと評されています。ジョン・ジェラルド・ラギー（東澤靖訳）『正しいビジネス―世界が取り組む「多国籍企業と人権」の課題』（岩波書店，2014年）p.81, 87。

2　企業に対して，人権の尊重を求める法的拘束力のある条約（legally binding instrument to regulate, in international human rights law, the activities of transnational corporations and other business enterprises）については，2021年に3rdドラフトが公表され，現在，議論が継続している状況です。https://www.ohchr.org/sites/default/files/Documents/HRBodies/HRCouncil/WGTransCorp/Session6/LBI3rdDRAFT.pdf

3　「日本企業のサプライチェーンにおける人権に関する取組状況のアンケート調査」の調査背景や集計結果は，経済産業省のHPから確認することが可能です。経済産業省「日本企業のサプライチェーンにおける人権に関する取組状況のアンケート調査結果を公表しま

す」。https://www.meti.go.jp/press/2021/11/20211130001/20211130001.html

4　策定し明文化しているが，公表していない企業を含みます。経済産業省・外務省「『日本企業のサプライチェーンにおける人権に関する取組状況のアンケート調査』集計結果」を参照。https://www.meti.go.jp/press/2021/11/20211130001/20211130001-1.pdf

5　間接仕入先まで対象範囲に含めて人権デュー・ディリジェンスを実施できている企業は約25%，販売先・顧客まで実施できている企業は約10～16%とされています（同上 p.7）。

6　国連指導原則の報告フレームワーク「A1　方針のコミットメント」の「関連情報」では，パブリック・コミットメントの例としては「企業のビジネス倫理規範または行動規範の一部，自社ウェブサイト上の声明，様々な複数の文書」等が挙げられています。

7　一般的には，人事部，ダイバーシティ推進室，調達統括部，経営企画部，総務部，法務／コンプライアンス部，リスク管理部等が想定されます。

8　例えば，国連指導原則では，人権に対する負の影響の被害者を救済する仕組みのことを，「grievance mechanisms（グリーバンス・メカニズム）」と呼称しています。人権方針で，同様の仕組みについて言及する場合には，このような専門的表現の使用が望まれます。

9　人権方針は，現在から未来にかけてのコミットメントを示す性質の文書であるため，過去形や特定時点を指す表現は一般的に好まれません。例えば，すでに自社グループの従業員向けに人権に関する研修を実施しており，これからも研修を継続するというコミットメントを示したい場合であれば，「私たちは，2022年に全役員や従業員を対象に人権に関する研修を実施しました。」という文言よりも，「私たちは，全役員や従業員を対象に人権に関する研修を実施しており，これからも人権に関する教育を徹底します。」という表現のほうがより適していると考えられます。

10　国連指導原則の原則12が示すとおり，企業には最低でも「国際人権章典で表明されたもの及び労働における基本的原則及び権利に関する国際労働機関宣言で挙げられた基本的権利」を尊重する責任があるため，人権方針の策定に際しては，ビジネスと人権に関する指導原則，国際人権章典，労働における基本的原則及び権利に関するILO宣言を参照する必要があります。加えて，各社のインダストリー特性等に応じて，子どもの権利とビジネス原則，先住民族の権利に関する国際連合宣言，人間を対象とする医学研究の倫理的原則（ヘルシンキ宣言）等の国際的規範を参照することも想定されます。

11　代表的なイニシアチブとしては，国連グローバル・コンパクト等が挙げられます。

12　なお，このようなコミットメントを人権方針のなかで明文化するためには，例えば，取引継続の前提として自社と同レベルの人権方針を策定してもらう，取引先と締結する基本契約のなかに人権の尊重に関する条項を追加する，人権方針の内容を理解したことを示す署名を差し入れてもらう，取引先やパートナー企業に対して人権に関する研修やワークショップを実施するなどが想定されます。したがって，方針のドラフトに際しては，上記アクションの実行可能性を関係各部と協議のうえ，コミットメントを表明できるかにつきすり合わせを実施しておくことが望まれます。

13　例えば，人種差別的な表現が使用されたCMを作成する，適切な保護具等を自社の従業員に与えずに工場で危険作業に従事させるようなケースは❶に該当します。また，納品期限の直前に注文内容を変更し，サプライヤー従業員の長時間労働・過重労働を誘発するようなケースは❷に該当します。

14　例えば，土地開発のために地元住民を強制的に立ち退きさせている企業にプロジェクト・ファイナンスを実施する，取引先が契約に反して再委託を行い再委託先で強制労働が発生するといったケース等が該当します。

15　国連指導原則の原則12では，「国際人権章典で表明されたもの及び労働における基本的原則及び権利に関する国際労働機関宣言で挙げられた基本的権利」が，企業として尊重すべき最低限の権利だと示されています。

16　人権方針のこのような性質は，国連指導原則の報告フレームワークから読み取ることができます。報告フレームワークの「A1.1　パブリック・コミットメントはどのように策定されたか」という質問に関連し，企業には「報告対象期間におけるパブリック・コミットメントの変更」や「次期報告対象期間におけるパブリック・コミットメント変更の計画」といった内容についても開示することが求められています。

17　OECD多国籍企業行動指針では「情報開示」,「人権」,「雇用及び労使関係」,「環境」,「贈賄，贈賄要求及び金品の強要の防止」,「消費者利益」,「科学技術」,「競争」,「納税」という課題に対して原則と基準を定めています。これらの課題のうち，OECDガイダンスでは「人権（雇用及び労使関係を含む）」,「環境」,「贈賄及び汚職」,「情報開示」,「消費者利益」をRBC（Responsible Business Conduct：責任ある企業行動）課題と呼称し，デュー・ディリジェンスの対象範囲と定めています。

18　船舶を所有しているオーナー（船主）もしくは，オーナーから裸傭船（用船）契約によって船舶を借り受けたオペレーター（運航会社）に対して，船員を派遣する会社のことを指します。

19　OECDガイダンスでは「取引先」と表現されており，訳語としては,「ステークホルダー」がそれに該当します。人権の主体であるという整理のもと「ライツホルダー」と表記する方法もありますが，本書では「ステークホルダー」と同義として扱っています。

20　Verisk Maplecroftは2001年にイギリスで設立された，リスク分析を専門とする企業。カントリーリスクの分析・可視化を目的としたリスク分析サービスを提供しており，人権等のESG分野に関して，160以上ものリスク・スコアを算出しています。また，強制労働や労働安全衛生といった人権課題のほか,「パーム油」,「エビ」といった各コモディティに関する人権リスクの分析にも対応しています。

21　最新のリストは2022年９月に公表されました（2023年１月現在）。https://www.dol.gov/agencies/ilab/reports/child-labor/list-of-goods-print

22　Human Rights Guidance Tool for financial sector. https://www.unepfi.org/humanrightstoolkit/index.php

23　例えば,「健康と安全」に関していえば，揮発性物質の爆発の危険性等，深刻な結果を招きかねない職場での事故，安全衛生問題に関する労働者への情報提供やトレーニングの不十分性等が懸念事項として挙げられています。

24　RepRiskとは，1998年に設立され，スイスのチューリッヒに拠点を置く調査会社です。企業の不祥事やESG（環境・社会・ガバナンス）にかかるリスク情報提供を専門としており，専門のポータルサイトを通じてタイムリーな情報発信を行っています。情報収集は23ヵ国語を通じて実施しており，収集された情報は専用のプラットフォームから閲覧できます。

25　代表的な団体としては，Business & Human Rights Resource Centreが挙げられます。本団体は，ロンドンとニューヨークに拠点を構える国際NGOで，各国のビジネスと人権に関する調査分析を行い，情報提供することで企業の人権対応を推進しています。ビジネスと人権に関するトレンドや，各企業の不祥事をはじめとした人権対応の状況が広くデータベース化されているため，同業他社の情報を確認する際に有用です。

26　例えば，人権に関する国家の法的枠組みや政策状況の調査にあたっては，ILO（国際労働機関）やOHCHR（国際連合人権高等弁務官事務所）のHPが参考になります。ILOは，NORMLEX（Information System on International Labour Standards）にて，各国の条約の批准状況，ILO事務局に対する年次報告の提出状況，ILO監督組織から各条約国に対するコメント等を一元管理のうえ，公開しています。また，NATLEX（Database of national labour, social security and related human rights legislation）では，労働・社会保障・人権等に関する各国の国内法の動向を公開しています。加えて，OHCHRのHPでも各国の人権条約の批准及び履行状況が公表されており，取組みの全体像を把握することに役立ちます。
NORMLEX：https://www.ilo.org/dyn/normlex/en/f?p=NORMLEXPUB:1:0
NATLEX：https://www.ilo.org/dyn/natlex/natlex4.home?p_lang=en
OHCHR：https://www.ohchr.org/en/countries

27 アメリカ国務省“Country Reports on Human Rights Practices”. https://www.state.gov/reports-bureau-of-democracy-human-rights-and-labor/country-reports-on-human-rights-practices/

28 アメリカ国務省“2021 Country Reports on Human Rights Practices: Laos”. https://www.state.gov/reports/2021-country-reports-on-human-rights-practices/laos

29 ILO“ILOSTAT”. https://ilostat.ilo.org/data/

30 最新情報は，こちらから確認することが可能です。UN Human Rights Council, Universal Periodic Review. https://www.ohchr.org/en/hr-bodies/upr/upr-main

31 OHCHR（国際連合人権高等弁務官事務所）, Universal Human Rights Index. https://uhri.ohchr.org/en/

32 UN Global Compact, Organizing the Human Rights Function within a company (2014). https://www.unglobalcompact.org/library/921

33 原文では，「Cross-functional working groups, which bring together relevant business functions in a collective platform to address and manage a company's human rights risks」と表現されています。人権に対する影響評価に関与する以外にも，人権に関する一連の取組みを事業部門・海外拠点・海外グループ会社の間で調整する役割，各部門における人権に関する取組み等の情報を持ち寄り共有する機能等を担うことも想定されています。

34 ヒアリングの切り口を，マネジメント運用体制と具体的な課題の２つに分けるという考え方は，2010年に国際標準化機構（ISO）が公表したISO26000（社会的責任に関する国際規格）でも確認できます。ISO26000では人権を含む７つの中核主題が示されていますが，そのうちの１つの「組織統治」は，その他６つの主題（「人権」，「労働慣行」，「環境」，「公平な事業慣行」，「消費者課題」，「コミュニティへの参画及びコミュニティの発展」）に横断する位置付けとして整理されています。「組織統治」は，広義には組織全体のガバナンス体制を尋ねるものですが，狭義には，「組織統治」以外の６つの各主題の運用レベルのマネジメント体制（すなわち，PDCAに沿った方針・戦略／体制／施策／KPI）を尋ねています。つまり，「組織統治」という切り口から各中核主題の運用レベルのマネジメント体制を確認しつつ，具体的な取組みやその結果については「人権」，「労働慣行」，「環境」，「公平な事業慣行」といった各中核主題のなかで確認するという建付けが取られています。

35 Monach University Castan Centre for Human Rights Law, Human Rights Translated 2.0 – A Business Reference Guide. https://www.ohchr.org/sites/default/files/Documents/Publications/HRT_2_0_EN.pdf

36 例えば，自由権規約第12条の「居住，移動及び出国の自由」は，策定当時，国家は個人の国境をまたぐ移動を制限してはならず，また自国に戻る権利を恣意的に奪うこともあってはならない，という趣旨で規定されました。これをビジネスの文脈から解釈すると，例えば，事業活動を通じて大規模土地開発等を実施する場合に，元来その土地に住んでいたコミュニティの人々の居住地を選択する権利を制限してしまう可能性や，土地開発に伴い地域コミュニティの人々を恣意的に移転させてしまう可能性等が想定されます（Monach University Castan Centre for Human Rights Law, Human Rights Translated 2.0 – A Business Reference Guide , p.37）。

37 「今企業に求められる『ビジネスと人権』への対応」を参照。https://www.moj.go.jp/content/ 001376897.pdf

38 一般的な企業の実務慣行の視点からいうと，贈賄・腐敗に関するリスクは，コンプライアンス対応の一環としてマネジメントされることが多いため，必ずしも人権という切り口のなかで贈賄・腐敗に関するリスク・マネジメントに取り組む必要はありません。ただし，Business at OECD（BIAC）及びInternational Organization of Employers（IOE）が2020年に公表した「Connecting the anti-corruption and human rights agendas: A guide for business and employers' organizations」で触れられているとおり，両者の取組みには関連する部分が多いという点には留意しておく必要があります。

39 従業員満足度調査やコンプライアンス調査等の既存のアンケート調査を活用する場合には，自社の従業員にとって重要な人権課題をカバーできているかという観点で調査項目を見直すことが重要です。例えば，建設業の場合，本社勤務の従業員にとって重要な人権課題と，建設現場勤務の従業員にとって重要な人権課題は異なることが想定されます。現実的に対応可能な落としどころは見つける必要がありますが，ステークホルダーに内在する潜在的な人権リスクを適切に調査するという人権デュー・ディリジェンスの趣旨に鑑みると，勤務場所や職種といった要素を踏まえながら，柔軟に調査項目を見直すことが推奨されます。

40 契約社員・派遣社員・アルバイト等の雇用形態の差異によって，アンケート調査の対象範囲を線引きすることは好ましくありません。特に，正社員ではない雇用形態の従業員の場合，「過重労働」や「同一労働同一賃金」といった人権課題に対する負の影響の発現可能性が正社員と比較すると高いことが想定されるため，アンケート調査を実施する場合には，対象範囲のなかに適切に含めておく必要があります。

41 専門的なノウハウの活用やコストセーブ，リスク移転等を目的として外部への業務委託を実施している企業は少なくありませんが，業務委託先に対しては情報セキュリティや内部統制上の業務委託先管理にとどまっていることも多く，人権に対する負の影響の実態が見落とされているケースも見受けられます。

なお，常駐委託以外の業務委託先における代表的な人権リスクとしては，委託元からの過剰な要求によって長時間労働の常態化や賃金不払いが生じているケースや，委託先で技能実習生が差別的な扱いを受けているにもかかわらず発注を続けるといったケース等が考えられます。このような人権リスクは，これまでは業務委託先の問題として整理され，業務の委託元の責任が直接的に問われるケースは限定的でした。一方で，国連指導原則の考え方に基づくと，上記のような事例は，委託元が委託先の人権への負の影響を間接的に助長しているとみなされることから，企業（委託元）は自らの発注状況を見直すことや，さらには人権尊重に向けて影響力を行使するといった対応が求められることになります。

42 Office to Monitor and Combat Trafficking in Persons, 2022 Trafficking in Persons Report https://www.state.gov/bureaus-offices/under-secretary-for-civilian-security-democracy-and-human-rights/office-to-monitor-and-combat-trafficking-in-persons/

43 本レポートには，以下のリンクからアクセスが可能です。https://www.ilo.org/wcmsp5/groups/public/---ed_norm/---ipec/documents/publication/wcms_716930.pdf

44　例えば，日本拠点の自社グループの従業員に限定しアンケート調査を実施する場合等，明らかに自社との関連性が低く，人事制度や手続き上，起こりえないと判断される人権課題（児童労働等）があれば，それらを質問項目から除外することは合理的判断の範疇といえます。

45　企業によりさまざまですが，調達統括部やサステナビリティ推進部等に所属されているケースが多いです。

46　この一文の末尾には，「（原則22）」と記載されており，是正プロセスを定義する原則の内容も併せて参照するようにとの国連指導原則の意図が見受けられます。ちなみに原則22では，「企業は，負の影響を引き起こしたこと，または負の影響を助長したことが明らかになる場合，正当なプロセスを通じてその是正の途を備えるか，それに協力すべきである。」との内容が説明されており，さらに本原則の解説文では，是正のための詳細なメカニズムの説明に関しては，救済へのアクセスを説明する第Ⅲ章を参照するようにとの言及がなされています。

47　設定する属性は，自社のビジネスモデル，インダストリーの特徴，調達先の特徴等を考慮する必要があります。自社の従業員向けのアンケート調査であれば，「年齢（20代／30代／40代／50代／60代以上）」，「性別（男性／女性／無回答），「勤務地域（日本／日本以外のアジア／アメリカ／EMENA等）」，「勤続年数（１年以内／２～５年／６～10年／11～20年／21～30年／31年以上」，「役職（一般職／部下を持つ管理職／部下を持たない管理職等）」，「雇用形態（正社員／契約社員，嘱託社員，パート社員／技能実習生／派遣社員，請負社員等）」，「所属部門（生産，製造，生産技術／品質／購買／ロジスティクス／研究開発／マーケティング／営業／経理，財務／IT／人事／法務，コンプライアンス／戦略，事業開発／店舗等）」，「勤務地（工場／オフィス／在宅勤務）」等を尋ねることが想定されます。調達先向けのアンケート調査であれば「会社名」，「所在国」，「担当部署名」，「業種」，「回答の対象範囲（連結／国内グループ／単体／事業部等）」，「従業員数（可能であれば，直接雇用／間接雇用／技能実習生等の内訳）」，「資本金」等を尋ねることが想定されます。

48　責任ある鉱物調達に関する認証は，RMI（責任ある鉱物イニシアチブ）の提供するRMAP（Responsible Minerals Assurance Process）認証やLBMA（ロンドン地金市場協会）の提供するレスポンシブル・ゴールドプログラム，RJC（責任あるジュエリー協議会）のCoC（Code of Custody）認証プログラム等が挙げられます。

49　企業が政府やNGOに働きかけ・協働したケースとして，国の設定した最低賃金が低いことから労働者の生活が脅かされていることを危惧したアパレル企業が政府に働きかけて最低賃金の改善を行った事例，技能実習生の労働問題を根本から解決するためにその送り出し団体や受け入れ団体にアプローチをする事例等があります。

50　2012年には，ユニセフや国連グローバル・コンパクト等によって「子どもの権利とビジネス原則」が策定されています。本原則では，企業活動が営まれる地域社会や環境のなかで重要な構成員である子どもの権利を企業として尊重するために必要な10項目の行動指針（取り組むべきこと）が示されています。https://www.unicef.or.jp/csr/pdf/csr.pdf

51　本レポートには，以下からアクセスが可能です。https://sites.unicef.org/csr/css/Stakeholder_Engagement_on_Childrens_Rights_021014.pdf

52　人権分野で代表的なNGOや団体として，デンマーク人権研究所，Shift，ビジネスと人権リソースセンター，Amnesty International，Human Rights Watch等が挙げられます。

53　投資判断局面における人権リスクの調査・評価を進めるためには，投資の意思決定プロセスのなかに人権リスクの確認視点を織り込むこと，つまり現場担当者が社内の投資委員会等に諮る投資稟議の一項目として人権リスクにかかる項目を設定することも重要です。

54　例えば，PRIに署名するPEファンドは，事務局への年次報告のなかで投資判断に際するESGリスクのスクリーニング（ESG Due Diligence）状況について報告が求められているため，人権リスクを調査することが一般的になりつつあります。

55　本レポートには，以下のリンクからアクセスが可能です。https://humanrights.wbcsd.org/project/legal-due-diligence-guidelines-for-merger-acquisitions/

56　人権を含むESGテーマに対するデュー・ディリジェンスに関しては，『経理情報』（No.1654）2022年10月１日特大号，第Ⅲ章「Ｍ＆Ａ局面におけるESGデュー・ディリジェンス」をご参照ください。

57　売手と買手が，株式の譲渡やその他諸条件に合意すれば，Ｍ＆Ａにおける最終契約書となる株式譲渡契約（Stock Purchase Agreement）が締結されます。

58　表明保証とは，売手が買手に対して，最終契約の締結日や譲渡日等において，対象企業に関する一定の事項が真実かつ正確であることを表明し，その内容を保証する一連のプロセスのことを指します。仮に表明保証への違反が明らかとなった場合には，契約の解除や買収価格の調整等を行うことが可能となります。

59　一般的に，クロージング・コンディションとは，Ｍ＆Ａ取引において，株式譲渡を実行する場合の譲れない一定条件のことを指します。クロージング日においては，前提となる一定の条件がすべて整い，売主から買主へ株券や会社代表印等の重要物品が引き渡され，買主から売主へ譲渡対価の振込が行われ，売主が譲渡対価を受領することをもって，はじめてクロージングとなります。したがって，株式譲渡が実行されるためには，クロージングのための前提条件が充足されていることが必須といえます。

60　本ハンドブックのなかで言及されている業種はアパレル，農林水産業・食品，資源・エネルギー，建設・建機，自動車，電子機器・ICT，日用品・化学，製薬，小売，人材派遣，金融・保険の11業種です。

61　国内人権機関とは，政府や裁判所とは独立した機関であり，人権侵害からの救済と人権保障を推進するための国家機関として，1993年に当時の国連人権委員会が採択した決議（A/RES/48/134 - National institutions for the promotion and protection of human rights）に基づき，国連加盟国には設置が推奨されています。日本では国内人権機関は設置されていませんが，国連からは，国際的な人権基準を国内で実行するための重要なシステムであり，国民の人権水準向上を目指すために，その存在は不可欠であるとして，設置が促されています。

62　例えば，グローバルでビジネスを展開するアパレルメーカーは，労働者の人権の保護と尊重を目的とした専用メカニズムを各地域（ヨーロッパ・アフリカ・中東，アジア，アメリカ）に設置しています。英語やスペイン語といった主要言語のみならず，英語を得意としない労働者に配慮するため，現地のNGO等と協働し，現地語での通報・相談も受け付けています。また，専用メカニズムの実効性や透明性を確保するために，各地域における年間の通報件数や通報状況等を毎年開示するとともに，報告レポートのなかでは，各通報・相談案件の進捗状況／ステータス等も詳細に説明しています。

63　原則31の解説文では，「苦情処理プロセスの当事者がメカニズムの公正な遂行に干渉できないように責任の所在を明らかにすることは，一般的に言って，ステークホルダーの信頼を築きあげるための１つの重要な要素である。」との説明が付されています。

64　国際連合広報センターが公表する国連指導原則の和訳では「障壁」と表現されていますが，本書では，原文の「for those who may face particular barriers to access」という表記を意識し，「困難」と表現します。

65 代表的な例を挙げると，OHCHRは実効性のあるグリーバンス・メカニズムの構築を目指して「Accountability and Remedy Project III: Enhancing effectiveness of non-State-based grievance mechanisms in cases of business-related human rights abuse」というプロジェクトを立ち上げ，調査・研究ペーパーを公表しています。https://www.ohchr.org/en/business/ohchr-accountability-and-remedy-project/phase3-non-state-based-grievance-mechanisms

また，日本においては，BHR Lawyers（ビジネスと人権ロイヤーズネットワーク）が，「責任ある企業行動及びサプライチェーン推進のための対話救済ガイドライン」を公表しています。https://www.bhrlawyers.org/_files/ugd/875934_fcb88a40f24b45e999ae94abccf71cdf.pdf?index=true

66 通報／相談の受付では，上述の「② アクセス可能性」のなかで解説したとおり「使用言語」，「識字能力」，「費用」，「所在地の問題」，「報復に対する恐れ」といった観点に配慮することが重要です。また，通報／相談の事務的な受付が完了した際には，その旨を速やかに通報者に通知するとともに，可能な限り，その後の手続きの流れを説明することが望ましい対応です。

67 通報／相談の事務的な受付が完了したあとは，通報／相談事案が，そもそもグリーバンス・メカニズムの対象となる内容であるかを審査するとともに，通報／相談の事実関係や人権侵害の深刻度を調査することが望ましい対応です。実務的な運用に鑑みると，事実関係の調査を進めないと，そもそもグリーバンス・メカニズムの対象事案であるかの判断が付かなかったり，人権侵害の深刻度の度合いを把握できなかったりすることが想定されるため，本ステップでは，通報／相談事案の審査と事実関係の調査が同時並行的に実施されることが想定されます。なお，事案内容によっては，企業と通報者を仲介する立場の独立した第三者を関与させ，事実関係の調査を依頼すること等が想定されます。

68 通報／相談事案の内容や性質によって異なりますが，通報者及び通報された企業の当事者間の対話によって事案解決が可能な場合には，対話を通じた解決が推奨されます。なお，対話を通じても両者が合意に至れない場合や事案の性質上そもそも対話を実施することが困難な場合には，調査した事実関係に基づきながら，是正措置を決定し，執行する必要があります。また，事案解決に時間を要するような場合は，是正措置の進捗状況を定期的にモニタリングし，必要に応じて，通報者にもその進捗状況を共有・説明することが望ましい対応です。

69 国際的に認められた人権とは，国際人権章典で規定されている人権や，国連総会や国連人権理事会等で決議された人権（例えば，清潔で健康的かつ持続可能な環境で暮らす権利など）と解されます。

第4章

ビジネスと人権 ──次の10年に向けて

1 国連指導原則の策定から10年

(1) 「UNGPs 10+」プロジェクトの概要

国連のビジネスと人権にかかるワーキング・グループは，2011年に策定された国連指導原則の実効性を検証し，次の10年に向けたアクションの明確化を図ることを目的に，その前の年に当たる2020年６月に「UNGPs 10+」プロジェクトを開始しました。

国連のビジネスと人権に関するワーキング・グループとは，OHCHR（国際連合人権高等弁務官事務所）の傘下で，数ある人権関連問題のなかでも「ビジネスと人権」に特化した活動を行っています。国連指導原則の策定を契機として，2011年の国連人権理事会の決議（A/HRC/RES/17/4）によって設立され，国連指導原則の効果的かつ包括的な履行確保に向けた取組みとして，政府，企業，市民社会，ステークホルダー等も巻き込みながら，国連指導原則の履行にかかるグッド・プラクティスを浸透させていくこと，キャパシティー・ビルディングを行うこと，ビジネスと人権に関する取組み状況を調査する国家訪問（country visit）を実施することなどが，活動内容（mandate）として規定されています。加えて，2020年の最新の国連人権理事会の決議（A/HRC/RES/44/15）に基づくと，ワーキング・グループには，設立当初の活動目的のための取組みに加えて，ビジネスと人権に関する地域フォーラム[1]への取組み強化や各国の人権機関[2]とのさらなる協働等も課せられています。

国連のビジネスと人権に関するワーキング・グループが主導した「UNGPs 10+」プロジェクトは，2011年の国連指導原則の採択から10年の節目に，ワーキング・グループが国連指導原則の履行確保のために取り組んできたさまざまな施策の成果や，各国におけるビジネスと人権に関する取組み状況を「マルチステークホルダー・ダイアログ」形式で棚卸ししています。

「マルチステークホルダー・ダイアログ」では，あらゆる国・地域で活動する「ビジネスと人権」に関連するさまざまなステークホルダー（ビジネスの関連団体／業界団体，機関投資家，政府，市民社会等多数）を巻き込み，書面によるフィードバックをはじめ，オンラインで開催されたコンサルテーション・ミーティングやイベント等[3]を通じて，国連指導原則がこの10年で果たしてきた役割やその効果に関する各ステークホルダーからの意見が広く収集されました。

(2) 国連指導原則に対する評価

国連指導原則に対する各ステークホルダーからの評価は「Guiding Principles on Business and Human Rights at 10 : taking stock of the first decade（国連指導原則の10―最初の10年の棚卸し）」[4]と題した全23ページからなるレポートにまとめられ，2021年４月に開催された第47回国連人権理事会で報告されています。

同レポートは，2011年よりも前には存在していなかった国家及び企業が遵守すべきビジネスと人権における行動様式が国連指導原則によって確立されたことは，指導原則の極めて大きな功績とし，また企業に人権デュー・ディリジェンスを実施させるという「顕著なイノベーション（most notable normative innovation）」[5]を起こし，（拘束力のある）法的規範の形成に向けた流れを作ったことは特筆すべき点であると評しています。

このレポートの構成は，図表４－１のとおりです。国連指導原則がこれまでの10年で果たしてきた功績に加えて，今後の課題等についても各項のなかでまとめています。

図表4-1　Guiding Principles on Business and Human Rights at 10: taking stock of the first decadeの構成

国連指導原則の実効性の棚卸し		
1	責任を果たすためのグローバルで共通のプラットフォームとして	責任あるビジネスのための権威ある基準として
		人権デュー・ディリジェンス
2	保護	義務的な人権デュー・ディリジェンス
		国家行動計画（ナショナル・アクション・プラン）
		多国間政策としての一貫性
3	尊重	ビジネスにおける理解
		履行と一貫性に係る課題
		ビジネスモデル
		金融機関
		データに関する課題
4	救済	非国家基盤の救済メカニズム
		国家基盤の非司法的なメカニズム
		司法的な救済
		仲裁
5	地域化（Regionalization）	
6	補助的な履行（Supporting implementation）	
7	結論	

（出典：Guiding Principles on Business and Human Rights at 10: taking stock of the first decadeをもとにKPMGにて作成）

同レポートのなかで，特に企業と関連性のあるポイントは以下のとおりです。

☑ 国連指導原則はグローバル全体で合意された権威ある基準であり，国家及び企業のすべてのビジネス活動のなかで，人権を保護，尊重，救済する際の拠り所として認知されるようになった。その功績は疑いのない事実であり，このような功績は2011年以前には存在していなかった。（No.1「責任を果たすためのグローバル共通のプラットフォームとして―責任あるビジネスのための権威ある基準として」より）

☑ 国連指導原則の策定は，企業に対して事業活動のなかで人権に対する負の影響を特定，防止，軽減するという人権デュー・ディリジェンスの実施を要請することとなった。この要請が，企業が事業活動のなかで人権を尊重する基礎となった。企業に対する人権デュー・ディリジェンスの実施要請は，国連指導原則がもたらした功績のなかで最も影響力がある。(No.1「責任を果たすためのグローバル共通のプラットフォームとして—人権デュー・ディリジェンス」より)

☑ 世界の金融機関のなかで人権デュー・ディリジェンスの取組みが浸透しはじめていることは，いまだ規模が小さい取組みであることは事実であるにせよ重要な動きといえる。金融機関によって国連指導原則の重要性が認識され，金融機関によって人権デュー・ディリジェンスが取り入れられはじめたことは，企業の人権尊重の取組みの加速につながる。(No.1「責任を果たすためのグローバル共通のプラットフォームとして—人権デュー・ディリジェンス」より)

☑ この10年における優れた取組みの1つは，国連指導原則に基づいた法的フレームワークの必要性に対する理解が高まったことにある。(法的拘束力のない）規範が法令化に至るまでには非常に長い時間を要することが一般的だが，人権デュー・ディリジェンスの実施義務化を含む国連指導原則の要素の法令化を求める声が，市民社会だけでなく業界団体や投資家，また企業自身からも寄せられていることは注目に値する。(No.2「保護—義務的な人権デュー・ディリジェンス」より)

☑ この10年の間で，公に国連指導原則にコミットする企業が増加傾向にあることは事実であるが，グローバル全体における企業の絶対数と比較すると，その数はまだ限定的といえる。これが示唆しているのは，グローバル全体のバリューチェーンでは，リーチすべき潜在的企業が多く残されているということだ。(No.3「尊重—ビジネスにおける理解」より)

☑ ビジネスと人権に関する研究やベンチマーク，企業の格付評価は，この10年で「進歩はしたが，さらに進歩する余地は残されている（progress but room for progress)」状態であると総括される。例えば，CHRBは2020年にグローバル全体で229社の企業の人権に関する開示情報を評価したが，人権デュー・ディリジェンスに関する指標において1点もスコアを獲得できていない企業は全体の46.2%を占めた。(No.3「尊重—ビジネスにおける理解」より)

☑ 例えば，ファストファッション，ソーシャルメディア，インターネットの検索エンジンといったビジネスは，ビジネスモデルの根幹に直結する潜在的な人権リスクを有しており，この10年で（世間一般から）高い注目を集めた。このように人権リスクが比較的高いセクターが存在するのは事実であるが，どのセクターやインダストリーに属する企業であれ，ビジネスモデルには潜在的な人権リスクが内在している可能性がある。(No.3「尊重—ビジネスモデル」より)

☑ ビジネスモデルは，コーポレートガバナンスに関する課題であることは明らかだが，「企業のビジネスモデルやそのオペレーションは，人々に対してどのように影響を及ぼすか？」という極めてシンプルな質問（視点）が経営層や取締役会によって十分に議論されていない。その事実を表す証左として，企業のサステナビリティ・レポート等の冒頭（opening lines）に，この質問に対して明示的に言及している企業はみられない。（No.3「尊重─ビジネスモデル」より）

☑ 商業銀行，機関投資家，開発銀行等に代表される金融機関は，企業に比類なき（unparalleled）影響を与える力を持っており，各企業の国連指導原則に沿った行動を後押しできる存在である。多くの金融機関は，国連指導原則に基づく金融機関としての責任の重要性を認識しはじめており，投融資に際する意思決定プロセスのなかで，各企業のビジネスモデルや企業が行う意思決定過程において人権尊重の視点がどの程度織り込まれているかを確認・評価している。一方で，金融機関やESGデータプロバイダー等が企業の人権に関する取組みを向上させる余地が大きいのもまた事実である。（No.3「尊重─金融機関」より）

☑ 共通化された基準の欠如やESGの取組みにかかる一般的な理解の不足が，金融機関が（従来からの）投融資の慣行と人権をつなぎ合わせられていない要因の1つといえる。（No.3「尊重─金融機関」より）

☑ これまでの10年を通じて，多くの企業は人権侵害の是正を目的としたグリーバンス・メカニズム（苦情処理メカニズム）を構築してきた。なかには業界団体からの支援や協働イニシアチブ等を活用してグリーバンス・メカニズムを発展させてきた企業もある。（No.4「救済─非国家基盤の救済メカニズム」より）

☑ ビジネスの現場で継続的に生じている大規模な人権侵害は，国家及び企業が対処すべき最優先課題である。2011年に国連指導原則が策定されてから今日に至るこの10年間において，国連指導原則が示したボランタリーなアプローチだけでは，（企業による人権侵害を防止するには）十分ではないことが示された。人権尊重にかかる取組みを義務化する動きは，今後も間違いなく進展することが想定される。（No.7「結論」より）

2 国連指導原則への評価を踏まえて特に金融機関に期待される行動

図表4-1で示したレポートの構成から確認できるとおり，数あるステークホルダーのなかでも唯一「金融機関」は独立した項目として設定されています。このことから「UNGPs 10+」プロジェクトにおける国連指導原則の評価のなかで，特に重要視されているのは金融機関（特に機関投資家）であることがわかります。

ビジネスと人権の文脈において，金融機関は，企業に比類なき影響力を与え，企業の人権尊重の取組みを後押しする極めて重要な存在だと認識されています。その証左として，「UNGPs 10+」プロジェクトの報告レポートには別添として「Taking stock of investor implementation of the UN Guiding Principles on Business and Human Rights（機関投資家による国連指導原則の履行にかかる棚卸し）」[6]と題された報告レポートが付されています。この別添レポートでは機関投資家（特にアセットオーナー及びアセットマネジャー）のこれまでの人権尊重にかかる取組みについて棚卸しを行ったうえで，次の10年に向けて期待されるアクションの内容がまとめられています。

人権の尊重は企業が事業活動を展開するうえで大前提となる取組みであり，企業は機関投資家のために人権を尊重する取組みを展開するわけではありません。ただし，企業実務の観点からいえば，機関投資家と建設的な対話を行い，市場から適切な企業評価を受けるためには，人権リスクを評価する機関投資家の考え方に精通しておくことは自社の人権の取組みを改善・進展させていくうえで極めて重要です。そのため，機関投資家向けとはいえ，別添レポートのポイントを投資される立場の企業として把握しておくことは有用です。

図表4-2　次の10年に向けて，機関投資家に期待されているアクションのポイント

A	人権尊重へのコミットメントとコーポレートガバナンスにおける実践	国連指導原則や国際的規範の趣旨に人権の尊重に関する方針（policy Commitment）を策定し，取締役会で決議する。また，機関投資家自身と投資バリューチェーンにおける全活動に，当該方針を適用する。
		投資判断プロセスに人権専門家の意見を織り込む。 人権の尊重に関する方針の要素は，その他の投資方針や行動規範等にも織り込む。

		人権の尊重に関する方針は，SDGsの解決といったポジティブなインパクト投資活動を含む全投資行動に適用する。
B	投資ポートフォリオのスクリーニング	投資判断前に投資先における人権方針，顕著な人権課題への対応状況，ビジネスモデルから生じる可能性のある人権課題等について確認を実施する。
		投資ポートフォリオの規模が大きい場合は，「リスク・ベース・アプローチ」に基づき，地理的要因，セクター，ビジネスモデル，商品やサービスといった切り口に基づいてリスク分析を実施し，高リスクを特定する。
		投資先の人権リスクを評価する一環としては，NGOや業界団体といった外部ステークホルダーとコンサルテーションを実施する。
		ESGに関する開示基準団体やESG評価機関などの関わりを深め，国連指導原則の趣旨に即したメソドロジーに基づいて投資先が評価されることを確保する。
C	人権侵害のリスクへの対応	投資先とのエンゲージメントにおいては，国連指導原則が企業に求める３要件（「人権に対するコミットメント」，「人権デュー・ディリジェンス」，「救済へのアクセス」）への取組みを推進する。
		人権への対応をガバナンスの期待事項に含め経営層や取締役会メンバーの責任にすることを求める。 人権に関する取組みと連動した役員報酬の設定を求めるなどに代表される取組みを促していく。
D	議決権の行使	国連指導原則の趣旨に合致する株主提案を支持する。人権の尊重に関するコミットメントと整合する議決権行使ガイドラインを策定したうえで，議決権行使を実施し，その結果はレポートとして報告する。
E	効果のトラッキング／モニタリング	投資先に対するデュー・ディリジェンスの効果や結果をトラッキング／モニタリングする。
F	人権に関する取組みの開示	機関投資家として，投資活動における顕著な人権リスクに対してどのように対応しているかについて情報開示を行う。
G	ダイベストメントの実施	機関投資家の影響力を行使しても，人権に対する負の影響の防止・軽減ができない場合は，（投資先との）ビジネス関係を終わらせることを検討する。
H	投資先における人権侵害に関する救済措置	機関投資家としての投資活動が，投資先における人権侵害の直接的な原因になっている場合は，（投資先が有しているメカニズムも含めて）有効な苦情処理メカニズムの活用を支援する。

（出典：Taking stock of investor implementation of the UN Guiding Principles on Business and Human RightsをもとにKPMGにて作成）

図表４－２では，次の10年に向けて，機関投資家に期待されているアクションのポイントをまとめています。ポイントの多くは，第１章**2**で解説した機関投資家による投資先の人権リスク評価にかかる取組みと同様の内容ですが，ここでは特に「投資ポートフォリオのスクリーニング（図表４－２のＢ）」及び「人権対応へのガバナンス（図表４－２のＣの２つ目）」の２点について言及します。

⑴ 投資ポートフォリオのスクリーニング

2020年に実施された調査によると，グローバル大手の機関投資家（主にアセットマネジャー）のうち，そのほとんどが投資先企業における人権の負の重要なインパクト（salient negative human rights impact）を特定するために適切なデュー・ディリジェンスを実施できていないとの結果を公表しています。実施できているのは調査対象となった75の機関投資家のうち７機関のみ（全体の９％）であったことが示されています。

機関投資家が投資に際する企業評価のなかで人権に対する負の影響を適切に評価できていない要因としては，そもそも機関投資家自身が人権方針や人権リスクの視点を織り込んだESGポリシーを策定できていないこと，また，投資先企業とのエンゲージメントを十分に実施できていないことなどが指摘されています。

加えて，機関投資家が企業評価に人権の視点を織り込めていない根本的な要因[7]としては，機関投資家が活用するデータや情報のなかに国連指導原則の考え方が十分に反映されていないことが指摘されています。ただし，最近では，投資先企業の横比較に資する人権関連のベンチマーク[8]が多く開発されているため，機関投資家にはそれらの情報を企業評価や投資ポートフォリオの組成のなかで，積極的に活用することが推奨されています。

⑵ 人権対応へのガバナンス

機関投資家には，投資先企業の人権対応をガバナンスの観点から捉え，経営層や取締役会メンバーに人権尊重の責任を求めていくことや，人権への取組みと役員報酬を連動させるよう働きかけていくことなどが期待されています。

機関投資家の立場から企業に対してこのような行動を後押しさせようとしている背景の１つとして「短期志向からの脱却」が挙げられています。別添レポートにおいては，「多くの機関投資家の行動と国連指導原則が示す期待事項との間で不整合が生じているのは，明らかに，長きにわたって金融市場で優先されてきた企業の短期志向が課題」だと指摘されています。また，このような短期的な利益の追求が，長期的なサステナビリティよりも優先されている背景には，市場が過度に企業に対して短期的利益を追求してきたこと，そして，そのような市場からの期待に応えようと，企業の役員報酬制度が短期的な株価形成要因と紐付けられてきたことも影響を及ぼしていると指摘されています。ジョン・ラギー教授も，「年金基金（union pension funds）や大学基金，ソブリン・ウエルス・ファンドでさえ，受益者に対する自分達のコミットメントを果たすために，リスクの高い短期投資における高いリターンを求めてきた。」ことが問題であったと指摘しています。

これらの指摘や要請を踏まえると，人権を主題としたエンゲージメントが機関投資家から要請される機会は，今後増加することが想定されます。企業としては，自社の取組みを機関投資家に対して訴求していくことが，ますます重要になります。これは，すなわち，国連指導原則が求めている具体的な行動を理解したうえで，自社の事業活動における人権尊重の取組みを確立・継続し，負の影響を発現させない状況を維持し，負の影響が発現した際には適切にその軽減に向けて実直に取り組むことに他なりません。

国連指導原則が公表されてから10年の歳月を経て，ステークホルダーから企業に要請される人権尊重の水準は一段と厳しくなっています。国連のビジネスと人権にかかるワーキング・グループの「UNGPs 10+」プロジェクトでは，国連指導原則の実効性に対する各ステークホルダーからの評価を踏まえて，企業が取るべき今後の行動を，「ロードマップ」として体系的に整理しています。この「ロードマップ」は人権マネジメントの高度化に活用することが可能である，有効なツールです。

3 「UNGPs 10+ ビジネスと人権の次の10年に向けたロードマップ」

(1) ロードマップの概要

「UNGPs 10+ ビジネスと人権の次の10年に向けたロードマップ」(以下，ロードマップ)[9]は，前述の国連指導原則に対する各ステークホルダーからの評価をまとめた報告レポートをもとに，国連のビジネスと人権にかかるワーキング・グループが2021年11月に公表した文書です。

国連指導原則と同様に，この文書も法的拘束力は有していませんが，ビジネスと人権に関して国連が公表した体系的な文書としては，2011年に公表された国連指導原則以来であり，次の10年において国家や企業が人権マネジメントを一層高度化するにあたって拠り所となる重要な指針です。

ロードマップは，人権の尊重を推進する主体となる国家・企業・市民団体等の各ステークホルダーが具体的な取組みを展開する際に指針とすべき８つの行動分野を示しています。８つの行動分野の概要は，図表４－３のとおりです。

このロードマップの特徴は，国連指導原則の履行に一層の実効性を持たせるべく，８つの行動分野を達成するための目標を設定するとともに，それら目標を推進するステークホルダーを特定したうえで，各ステークホルダーが推進す

図表４－３ ロードマップが示す８つの行動分野

戦略的な方向性	保護・尊重・救済		
行動分野１	行動分野２	行動分野３	行動分野４
グローバルな課題に対応する羅針盤として国連指導原則を活用	国の人権保護義務	企業の人権尊重責任	救済へのアクセス

横断的な重要点			
行動分野５	行動分野６	行動分野７	行動分野８
ステークホルダーエンゲージメントの拡大と向上	変化を加速するための影響力行使の拡大と向上	進捗の追跡評価の拡大と向上	国際的な協働と実践への支援の拡大と向上

(出典：UNGPs 10+ A roadmap for the next decade of business and human rights をもとにKPMGにて作成)

べき具体的なアクションをセットで明示していることです。金融セクターを想定した行動分野6[10]を除き，ロードマップは企業に対して多岐にわたるアクションを期待しています。企業に期待されているアクションの全容は，図表4-4のとおりです。

図表4-4　8つの行動分野の達成に向けて企業に期待されているアクション

行動分野1　グローバルな課題に対応する羅針盤として国連指導原則を活用

目標1．1　国連指導原則の3つの柱（国の人権保護義務，企業の人権尊重責任，救済へのアクセス）の適用によって，企業の人権尊重を公正な移行及び持続可能な開発戦略の中核的な要素とすること

- 人権デュー・ディリジェンス及び労働組合，その他の影響を受けるステークホルダーとの効果的なエンゲージメント，さらに公正な移行計画における苦情管理のマネジメントを整理すること。
- 人権デュー・ディリジェンスを企業のSDGsへの取組みに統合すること。その際に，最も深刻な影響を優先して行動を起こすこと，及び，自社が引き起こしかねない影響だけでなく，その取引関係を通じて関与する恐れのある影響にも配慮することを含めること。

目標1．2　構造的な課題に取り組むための協働を促進すること　※企業への言及はなし

目標1．3　人権尊重を通してデジタルトランスフォーメーションを最適化すること（自動化，ギグ・エコノミー，AIの差別的なバイアスなど，技術的ディスラプションの文脈で生じている人間への負の影響を管理するという問題意識のもとで）

- 人権関連リスク管理に対する経営者とガバナンスによる監督を確保すること。
- ビジネスモデル関連リスクを見直し，これに取り組むこと。
- 製品／サービスのデザイン，開発，販売及び展開への人権デュー・ディリジェンスの組み込みに係る対策とその実効性について報告すること。
- 官民双方のアクターを含め，人権リスクを効果的に予防し，これに取り組むため，ユーザーを巻き込むとともに，影響力を行使すること。
- ハイリスク技術関連の人権への潜在的影響に対する救済へのアクセスを可能にする方法を模索するにあたって，政府や市民社会その他のステークホルダーと協力すること。

目標1．4　基準策定における一貫性と整合性を確保すること

- ESGとサステナビリティに関する自社の方針，プロセス及び実績をUNGPsと整合させるため，継続的に取り組むこと。
- 中小企業を含む取引先が，UNGPsの実践的適用と，人権尊重が持続可能な開発をどのように支えるのかについて学ぶ機会を支援する（業界団体などを通じ）ことにより，取引関係とバリューチェーン全体でのUNGPsの実践をサポートすること。

行動分野2　国の人権保護義務

目標2．1　政府の施策の有効性を高めるために政策の一貫性を促進すること

- ビジネスと人権に関する効果的な国別行動計画の策定を支援する。
- 国別行動計画の策定と実施に関し，他のステークホルダーとの活発で建設的な議論を支援すること。

目標2．2　義務化の潮流をつかみ，スマートミックスを促進すること

- 実効的な義務的措置の策定を目指すプロセスに建設的に参画するとともに，UNGPsが定める「スマートミックス」には，その他の補足的ツールに加え，国内，国際双方の義務的措置が含まれる点を認識すること。
- 企業に対し，義務的措置に関する能力育成にすべての関連部署を関与させ，より多くの情報に基づく見解を持てるようにするよう促すことを含め，メンバーの建設的な参画に関する能力を構築するためのフォーラムを提供すること。

行動分野3　企業の人権尊重責任

目標3．1　企業の取組みを拡大し，人権尊重のコミットメントを実践につなげること

- 人権を尊重するという方針上のコミットメントを策定するとともに，実効的な人権デュー・ディリジェンスと苦情処理を実証できるようにするためのステップを踏むこと。
- 具体的な人権への影響に対する業界の寄与に本格的に取り組みつつ，関係企業の集団的影響力を活用して構造的な課題に対処する業界及びマルチステークホルダー型のイニシアチブに参画すること。
- 特にリスクの高いセクターや地域において，中小規模のサプライヤーや，適切な場合には顧客を含むその他のビジネスパートナーに対して人権リスクと，UNGPsに沿ってこれを管理する方法に対する理解を深めるために提供される支援と能力構築に参画すること。
- 紛争影響地域その他，権威主義的体制や不法占拠状況など，残虐行為のリスクがわかっている状況に関係する場合に「強化した」人権デュー・ディリジェンスを実行するとともに，国際的犯罪に加担するリスクがある場合には，対策を強化するためのメカニズムを開発すること。
- 社会的に脆弱となったり，周縁化されたりするリスクが高い集団の出身者の人権尊重を強化する方法に関し，UNGPsのジェンダー指針と枠組みを含め，追加的な指針を適用すること。

目標3．2　人権デュー・ディリジェンスを企業のガバナンス及び事業モデルに組み込むこと

- コーポレートガバナンスとリーダーシップ（取締役会と幹部レベルから，組織全体に至るまで）をどのように発揮すれば，人権尊重が企業文化やビジネスモデル，戦略に浸透するのかを実証できるようになること。
- 人権の専門知識を有する人材を取締役として積極的に採用すること。

目標3．3　人権尊重と矛盾する事業慣行に立ち向かうこと

- 人権リスクが生じかねないすべての機能，業務，取引関係において，人権デュー・ディリジェンスを組み入れ，適用すること。
- 人権の尊重は，企業が公正な移行と持続可能な開発に寄与するうえで欠かせない要素であると認識すること。
- バリューチェーン全体で，人権・環境擁護者に対する攻撃に対処するための行動をとることを約束すること。
- 人権尊重へのコミットメントを掲げている企業が，人権・環境擁護者や市民社会，労働組合と敵対する慣行や関係を維持していては辻褄が合わないという認識を社員やメンバーに植え付けること。
- 政治的な関与やロビー活動を含め，政治と規制の領域における自社の参画をUNGPsと整合させること。

行動分野４　救済へのアクセス

目標４　救済へのアクセスの確保を実践に移すこと

- UNGPsと整合し，第３次ARP指針を土台とし，UNGPsのジェンダー指針を適用した救済アプローチを開発，実施すること。
- 国家基盤型のメカニズム（司法，非司法の双方）と建設的に関わり，協力するとともに，人権侵害の疑いに対する救済を目的としたプロセスを遅らせる法的措置は取らないこと。
- 人権・環境擁護者と，影響を受けた権利保持者が人権と環境の侵害の疑いに対する救済へのアクセスを求める際に支援を行う市民社会組織に対するスラップ訴訟を控えること。
- 影響を受けた個人とコミュニティが，UNGPsに沿った実効的な事業レベルのメカニズムにアクセスできるようにするため，どのような方策を取っているかを実証できること。
- 労働組合や影響を受けたコミュニティ（先住民団体など）の代表，市民社会組織を含む外部のステークホルダーと連携し，影響を受けたステークホルダー集団が苦情処理メカニズムの設計と運営に有意義な関与を行えるようにすること。
- 取引先（サプライヤーなど）が実効的な苦情処理メカニズムを設けるか，これに参加できるようにするとともに，関連のステークホルダーとの対話でこれらメカニズムの実効性を評価するための措置を取ること。

行動分野５　ステークホルダーエンゲージメントの拡大と向上

目標５　保護・尊重・救済を強化するための有意義なステークホルダーエンゲージメントの実施を確実にすること

- 影響を受けたステークホルダーをその人権デュー・ディリジェンス・プロセスの中心に据え，リスクマネジメントに人間に対するリスクの観点を取り込むこと。
- 権利保持者や労働組合，人権・環境擁護者及び市民社会組織を，持続可能な開発とすべての人にとって公正な移行を実現するための共通の取組みのパートナーとみなすこと。
- 特に，取った行動の実効性を追跡する際，ジェンダー関連のリスクと，脆弱になるリスクが高い可能性がある人々に特に注意を払いながら，自社の人権デュー・ディリジェンスと救済のプロセスにステークホルダーをどのような形で関与させているのかを実証すること。
- 苦情処理プロセスの設計を見直す際，関連のステークホルダーとの間で，そのニーズと期待に関する有意義な協議を行うとともに，具体的な苦情に対応する際には，どのような救済を，どのような形で提供すべきかに関し，影響を受けたステークホルダーと協議すること。
- 良好な人権デュー・ディリジェンスには，労働組合との関わり合いが欠かせないこと，及び，先住民コミュニティとの有意義な関わり合いには，国際的なFPIC基準の充足が含まれることを認識すること。
- 開かれた市民空間を公に支援するとともに，それが人権デュー・ディリジェンスやグッド・ガバナンス，持続可能なビジネス（と開発）に資すると認識すること。

- 労働組合代表，人権・環境擁護者その他，ビジネス関連の人権上の懸念を指摘する者に対する報復措置について，バリューチェーン内でのこのような侵害に対するゼロ・トレランスを約束したり，スラップ訴訟その他の形態の報復を控えたりするなどの形で取り組むこと。

行動分野**7**　進捗の追跡評価の拡大と向上

目標7．1　体系的な学習やモニタリングを通じて国の行動と説明責任を促進すること　※企業への言及なし

目標7．2　企業が与える影響とパフォーマンスの追跡評価を進捗させること

- a）影響を受けたステークホルダーを対象とした成果という観点から明確であり，b）自社の特定の顕著な人権リスクへの取組みに妥当であるとともに，具体的，測定可能，達成可能かつ期限付きであり，c）ターゲット達成に向けた前進と後退の評価に資する定量的・定性的指標によって裏付けられ，d）影響を受けたステークホルダーやその正当な代表からのフィードバックに配慮した，ハイレベルかつ事業レベルのターゲットを設定すること。
- サプライチェーンにおける人権リスクの管理を含め，具体的なリスクに関連する実効的な開示と透明性を通じ，人権デュー・ディリジェンスを実証できること。
- 品質と金融に関する追跡可能性や報告と同じ水準の厳密さをもって，ESG報告を取り扱うこと。

行動分野**8**　国際的な協働と実践への支援の拡大と向上

目標8．1　国連システムへの指導原則の統合におけるギャップを埋めること

- 国連システムに対するUNGPs統合の呼びかけを支援すること。

目標8．2　国連指導原則の理解・実践の加速・拡大に向けた能力開発と連携を強化すること

- 戦略的，協調的アプローチを通じ，UNGPsに関する能力を構築する取組みを支援できるメカニズムを模索するための協力に参画すること。

（出典：UNGPs 10+ A roadmap for the next decade of business and human rights をもとにKPMGにて作成）

⑵　ロードマップのポイント

ロードマップが示す行動分野において企業に期待されているポイントとしては，以下の２点が挙げられます。

１つ目は，行動分野３及び行動分野４が示すとおり，国連指導原則が企業に求める３要件（「人権に対するコミットメント」，「人権デュー・ディリジェン

ス」,「救済へのアクセス」）に対する取組みを一層強化すること，つまり人権への取組みの実効性を高めることです。これに関しては，行動分野３の目標3.2が示すとおり，コーポレートガバナンスやリーダーシップのなかに人権尊重の精神を根付かせ，企業のビジネスモデルや戦略のなかにも人権を尊重するという根本的な考えを浸透させることが求められています。また，ガバナンスを効かせるという観点からは，人権に専門性を有する人材を取締役に登用することも推奨されています。

２つ目は，政府や市民社会との協働や，労働組合，人権擁護者等を含むステークホルダーとのエンゲージメントに代表されるように，企業を取り巻くステークホルダーとの積極的な関わり合いを強化することです。特に，各ステークホルダーからの国連指導原則に対する評価のなかでは，国家や企業が，労働組合，市民社会，人権擁護者等を有意義なエンゲージメントを持つべきパートナーとして十分に認識できていなかったことが課題の１つとして指摘されています。国連指導原則が示すとおり，特に脆弱な状況に置かれているステークホルダーを重視し，個々人の人権を尊重するのと同時に企業として人権リスクの低減に積極的に取り組むためには，ステークホルダーの声を直に収集し，人権マネジメントのなかに取り入れることが重要です。

これからの10年，企業を取り巻く環境の変化はますます加速することが想定されますが，環境がどのように変化しようとも，企業がビジネスを継続する状況下で人権を尊重するという普遍的価値が揺らぐことは決してありません。

先行き不透明なこれからの市場環境において企業が自社のビジネスモデルの持続可能性を継続的に高めていくうえで，人権の尊重という根本的な取組みが必要不可欠であることを再認識し，ロードマップを指針としながら人権マネジメントを発展し続けることが望まれます。

コラム6

AIと人権

企業が尊重すべき人権に対する責任は，ビジネスの発展とともに日々変化しています。その一例として，企業によるAI（Artificial Intelligence）の活用と人権についても注目が高まっています。

昨今，AIは企業の事業活動のさまざまな場面で活用され，業務プロセスの効率化やビジネスの拡大に大きく貢献している一方で，AIを通じて大量のデータを収集したり，繰り返し学習させたりする過程で，プライバシー侵害や差別の助長が発生する可能性が指摘されています。実際に，2020年には顔認証システムに搭載されているAIが原因となり，アメリカでアフリカ系の男性が誤認逮捕される事件が発生しています。

このような事件がグローバルで多発している現状を踏まえて，企業のAI利用から生じる問題の防止及び是正を目的として，AIに関する倫理ガイドラインや「AIと人権」に関する方針を策定するテクノロジー関連企業が増加しています。また，国際機関や行政もAIの利活用に関するガイドラインの作成や法制化に向けた動きを加速させています。

2021年６月に開催された「Rights Con」[11]では，AIに代表されるデジタル技術によるさまざまな人権侵害が世界中で問題になっていることが強調されるとともに，同サミットに出席した専門家からは，人権を尊重し保護する国家の義務として特にテクノロジー関連企業に対して規制等を課すことの必要性が提唱されました。

特に，EUでは安全性や人々の基本的な権利を保障しながらAI関連の投資やイノベーションを活発化させることを目的として「欧州AI規則」[12]を，2024年を目途に運用する動きを進めています。また，日本では，2018年に「人間中心のAI社会原則」[13]が統合イノベーション戦略推進会議によって策定されており，これを踏まえたうえで「ビジネスと人権に関する行動計画（NAP）」のなかでは，「AIが社会に受け入れられ適正に利用されるよう，人権尊重の観点も含めて，『人間中心のAI社会原則』の定着に努めていくこと」が，全省庁が今後行っていく具体的な措置として規定されました。

AI技術は今後，ますます進化することが見込まれています。これまでの多くの科学技術と同様に，AIは社会に対して多大なる便益をもたらすことが期待されています。AIを活用することを通じて企業の事業活動も一層拡大することが見込まれますが，いかなる状況においても人権を尊重するという根本的な概念が軽視され，国際的規範が保障する人権が侵害される事態はあってはなりません。ビジネスでAIを活用するにあたっては，AIの長所と短所をよく理解したうえで，いかなる場面においても人権が尊重されるよう留意が必要です。

●注

1　国連指導原則の実効性を高めることを目的に，ビジネスと人権に関するさまざまなステークホルダーが交流・対話できるグローバル・プラットフォームとして，ビジネスと人権に関する年次フォーラム（Annual Forum on Business and Human Rights）が2011年より開催されていますが，この年次フォーラムの役割や目的を補足し，国や地域レベルにおける国連指導原則の実効性向上を目指して，2013年からはビジネスと人権に関する地域フォーラムが開催されています。OHCHR,“About the Regional Forums on Business and Human Rights”. https://www.ohchr.org/en/special-procedures/wg-business/about-regional-forums-business-and-human-rights

2　日本ではまだ設立されていませんが，国連からは，国際的な人権基準を国内で適用するためのシステムの一環として，政府から独立した国内人権機関の設置が推奨されています。国内人権機関には，裁判所とは別に，人権侵害からの救済と人権保障を推進する役割を担うことが期待されています。2022年11月時点では，国連の基準に従って国内人権機関を設置している国は，（partially compliantとしてのカウントも含んで）120ヵ国と公表されています。OHCHR,“UN Human Rights and NHRIs - NHRIs accredited by the Global Alliance of National Human Rights Institutions as of 28 December 2021”. https://www.ohchr.org/sites/default/files/Documents/Countries/NHRI/StatusAccreditationChart-NHRIs.pdf

3　ビジネスと人権に関する地域フォーラムの開催を含み，本プロジェクトでは，30回以上ものコンサルテーション・ミーティングやイベント等が開催されました。

4　A/HRC/47/39「Guiding Principles on Business and Human Rights at 10 : taking stock of the first decade」.

5　A/HRC/47/39「Guiding Principles on Business and Human Rights at 10 : taking stock of the first decade」のエグゼクティブ・サマリーのなかで，企業に対して人権デュー・ディリジェンスの実施を求めたことは「most notable normative innovation」であったと表現されています。https://www.ohchr.org/sites/default/files/Documents/Issues/Business/UNGPs10/Stocktaking-executive-summary.pdf

6　A/HRC/47/39/Add.2「Taking stock of investor implementation of the UN Guiding Principles on Business and Human Rights」.
https://www.ohchr.org/sites/default/files/Documents/Issues/Business/UNGPs10/Stocktaking-investor-implementation.pdf

7　そのほかには，デュー・ディリジェンスに対する取組みとビジネスへのインパクトとの明示的つながりを説明する情報が限定的で，企業が開示する人権関連の情報の多くは，人権について実施した取組みとその結果（input activities and output）についてであり，人々に対する影響や人権デュー・ディリジェンスの実効性（すなわち，Human Rights outcome）に関する企業からの情報が少ないこと等が，指摘されています。

8　第１章で解説したESG評価機関やCHRBのほか，KnowTheChain，BankTrackのHuman Rights Benchmark，Access to Medicine Index，Workforce Disclosure Initiative等に代表されるベンチマークについて言及がなされています。詳しくは，A/HRC/47/39/Add.2「Taking stock of investor implementation of the UN Guiding Principles on Business and Human Rights」のp.17をご参照ください。

9　英語の原文には，こちらからアクセスが可能です。OHCHR「UNGPs 10+ A roadmap for the next decade of business and human rights」. https://www.ohchr.org/sites/default/files/2021-12/ungps10plusroadmap.pdf
　なお，日本語への翻訳版は，国連グローバル・コンパクトより2022年５月に公表されています。https://www.ungcjn.org/library/index.html

10　行動分野６は，金融セクターに向けた内容となっています。具体的には，「目標６．１：

金融セクターのESGの潮流をつかみ，「Ｓ」を指導原則と整合させること」及び「目標６．２：行政機関や金融機関に加えビジネス界の形成者に対して影響を行使すること」という２つの目標が設定されており，国家，民間セクターの商業銀行，機関投資家，投資家団体のネットワーク，証券取引所等が，行動を起こすべき主体として特定されています。金融機関に期待されているアクションのポイントは，図表４－２のなかで整理していますので，そちらの内容をご参照ください。

11　Rights Conとは，エンジニア，ビジネスリーダー，政府関係者，人権擁護者（human rights defenders）等が集まり，デジタル時代における人権尊重のあり方について議論するためのフォーラムであり，2011年から本格的な活動を始めています。https://www.rightscon.org/https://www.rightscon.org/

12　EU, Regulatory framework proposal on artificial intelligence, Next stepsを参照。https://digital-strategy.ec.europa.eu/en/policies/regulatory-framework-ai

13　総務省「人間中心のAI社会原則」。https://www8.cao.go.jp/cstp/aigensoku.pdf

おわりに

国連指導原則が定めるビジネスと人権に関する企業としての責任を果たすためには，多様な論点を整理し，企業実務のなかに落とし込んでいく必要があります。本書でも取り上げたとおり，その内容は実に多岐にわたり，one-size-fits-allといった定型化されたパターンはなく，企業のビジネスモデルや経営リソースを踏まえて，まずは実現可能な範囲で取り組み，その後，あるべき姿を目指して順次，その取組みを拡張していくことが求められます。

現在はVUCAの時代といわれます。VUCAはVolatility（変動性），Uncertainty（不確実性），Complexity（複雑性），Ambiguity（曖昧性）を表していますが，人権についてもこのVUCAの文脈で捉える必要があるでしょう。本書でも取り上げたとおり，顔認証技術やAIによって引き起こされるプライバシーの侵害や差別といった人権侵害は，VUCA時代にあって新技術が引き起こした新しい種類の人権侵害ともいえます。ビジネス環境が大きく変化するなかで，人権の中身も変化・拡張していきます。企業としては自社のバリューチェーンにおけるあらゆるステークホルダーの人権を尊重する，という大原則を堅守しつつ，時代の要請や価値観を常にアップデートしていく必要があります。

時代の要請や価値観のアップデートという観点で，新たな論点として日本企業が留意すべき点として，ヨーロッパの人権デュー・ディリジェンスに関する法規制と紛争地域における人権対応の２点が挙げられます。

第２章で取り上げたとおり，日本とは異なり，ヨーロッパでは人権デュー・ディリジェンスに関する法律が一部の国において制定されるなど，人権デュー・ディリジェンスは法令対応の側面も強くなってきています。法令として定められている以上，企業としては当該法令に沿った対応を実施する必要があり，一般的に人権を所管するサステナビリティ推進，人事，調達の各部門だけでは対応が困難であると想定されます。法務部門の積極的な関与も必要であることはさることながら，人権マネジメント体制の構築という観点では法令として定められている国の規則をベースに，自社グループの体制を構築するといった「逆輸入の発想」も場合によっては検討が必要となります。

紛争地域における人権対応については，経済産業省が公表した「責任あるサプライチェーン等における人権尊重のためのガイドライン」でも触れられており，本書でも第２章で取り上げました。現在の国際情勢を踏まえると，一国家内の紛争から国家をまたぐ戦争状態へと状況が悪化している，または悪化する可能性のある地域も存在します。ガイドラインのなかでは自社の活動が間接的に紛争を助長する状況にないか等を評価する「強化された人権デュー・ディリジェンス」の実施や撤退計画をあらかじめ定めることの必要性が指摘されています。しかしながら，紛争地域における負の影響の是正がどれだけ早期に実現できるか，一企業として最適な対応方法は何か等を見極めるためには極めて高度な経営判断を伴います。

これらはあくまでも論点のごく一部にすぎません。総じていえることは，人権に対する取組みはもはや企業の周辺課題ではないということです。ビジネスと人権は経営の重要課題として推進していく必要があるのです。

■執筆者

KPMG人権タスク・フォース

【KPMGあずさサステナビリティ株式会社】

岩井　美緒　マネジャー（KPMG人権タスク・フォース　リーダー）

市村　怜子　マネジャー

山本　綾美　マネジャー

笹田　　愛　マネジャー

原　　征寛　マネジャー

田中　鉄朗　シニアコンサルタント

土屋　彩花　コンサルタント

【有限責任 あずさ監査法人】

兒玉　啓子　シニアマネジャー

堀　　友美　シニアマネジャー

伊藤　友希　アシスタントマネジャー

監修

土屋　大輔　マネージング・ディレクター
有限責任 あずさ監査法人
KPMGあずさサステナビリティ　兼任

【編者紹介】

KPMGあずさサステナビリティ株式会社

2004年に設立されて以来，サステナビリティ領域に関するアドバイザリー業務及び非財務情報の信頼性向上のための第三者保証業務を一貫して提供しています。ESG評価向上や価値創造ストーリーの策定といったサステナビリティに関して全テーマ横断の対応が求められるもののみならず，気候変動，生物多様性，ビジネスと人権，人的資本等といったサステナビリティに関する各テーマについて，クライアントの「ビジネスモデルの持続可能性」の推進を支援しています。

実践 人権デュー・ディリジェンス
――持続可能なビジネスに向けて

2023年5月25日　第1版第1刷発行

編　者　KPMGあずさサステナビリティ株式会社
発行者　山　本　継
発行所　㈱中央経済社
発売元　㈱中央経済グループパブリッシング

〒101-0051　東京都千代田区神田神保町1-35
電話　03(3293)3371(編集代表)
03(3293)3381(営業代表)
https://www.chuokeizai.co.jp
印刷／㈱堀内印刷所
製本／㈲井上製本所

ISBN978-4-502-46291-7　C3034